Christiane Müller

Da waren Engel bei den Hirten ...

Krippenspiele, Lieder und Geschichten
für Schule und Gemeinde

Christiane Müller

Da waren Engel bei den Hirten ...

HERDER

FREIBURG · BASEL · WIEN

www.herder.de

Umschlaggestaltung Finken & Bumiller
Titelbild: Der Rechteinhaber konnte nicht ermittelt werden.

Herstellung: fgb · freiburger graphische betriebe
www.fgb.de

Gedruckt auf umweltfreundlichem,
chlorfrei gebleichtem Papier
ISBN 3-451-27882-0

Inhalt

Vorwort

Seit einigen Jahren habe ich es mir zur Pflicht gemacht, statt einer Predigt für die Familienchristvesper ein Weihnachtsspiel zu schreiben, das ich mit Kindern und Jugendlichen einstudiere. Diese Spiele betonen jeweils einen Aspekt der Weihnachtsgeschichte.

In der Geschichte **»Das Wunder der Heiligen Nacht«** laufen zwei Hirtenkinder verzweifelt durch die Nacht. Sie wollen ihren Vater nach Hause holen, weil ihre Mutter einen Sohn geboren hat und nun im Kindbettfieber liegt. Statt auf dem Feld finden sie ihren Vater im Stall zu Bethlehem und bekommen durch das Erlebnis dort neue Hoffnung.

»Stern über Bethlehem« erzählt von zwei Kindern, deren Eltern so verschuldet sind, dass alle Familienmitglieder befürchten müssen, als Sklaven verkauft zu werden. Die Kinder laufen von zu Hause weg. Das Weihnachtsspiel erzählt, was sie unterwegs erleben und wie die Geschichte durch die Geburt Jesu in gutes Ende nimmt.

»Ein himmlischer Streich« hat märchenhafte Züge: Der Engel Gabriel und andere Engel werden auf Kinder aufmerksam, die nur an ihre Geschenke denken. Durch einen Streich holen sie das Weihnachtsgeschehen in die heutige Zeit und lassen die Kinder daran teilhaben. So erkennen sie, dass Jesus Christus das eigentliche Geschenk an Weihnachten ist.

»Das Weihnachtsspiel« erzählt von den Kindern Dieter und Anne. Sie sitzen an Heiligabend am Computer und spielen ein Kriegsspiel. Plötzlich spielt der Computer verrückt. Statt Kriegsgeräuschen ertönt ein Weihnachtslied und eine geheimnisvolle Stimme fordert die Kinder auf, ein anderes Spiel zu machen, ein Wegespiel. In einem uralten Koffer finden sie die dazu nötigen Spielchips. Sie machen sich auf den Weg, verschenken unterwegs ihre Chips und gewinnen so unglaublich viel Freude. Ihr letztes Ziel ist die Bethlehemkirche, wo sie einem Kind bei der Probe für das Krippenspiel aus der Patsche helfen. Sie werden zur Aufführung des Krippenspiels am Abend eingeladen.

»Aus der Chronik des Stadtschreibers Jakob von Bethlehem« erzählt, was der Stadtschreiber vor 2000 Jahren in seiner Chronik notiert hat: In Bethlehem wird ein Fremder, der zur Volkszählung gekommen ist, überfallen. Zwei Menschen werden verdächtigt und landen unschuldig im Gefängnis. Die beiden Räuber gelangen währenddessen zufällig zum Stall von Bethlehem und beschließen daraufhin, ihr Leben zu ändern. Während der Gerichtsverhandlung gegen die Unschuldigen stellen sie sich dem Gericht, obwohl sie die Todesstrafe befürchten müssen. Weil schließlich alle bei der Verhandlung Beteiligten das Gotteskind sehen, kommt es zu einem guten Ende: Der Überfallene zieht seine Anzeige zurück und die beiden Räuber fangen ein neues Leben an.

Die Geschichte von **»Beppos Krippenfiguren«** spielt auf dem Weihnachtsmarkt. Sie schildert zunächst die Hektik am 23. Dezember, als die Menschen die letzten Geschenke suchen. Nur Beppo – der Einzige auf dem Markt, der nichts verkauft – lässt sich von der Hektik nicht anstecken. Zwei Obdachlose lassen sich neben seiner Weihnachtsmarktbude nieder und bewundern Beppos Figuren. Da behauptet Beppo, sie seien lebendig.

Und tatsächlich: Als die beiden Obdachlosen in der darauffolgenden Nacht nicht schlafen können und auf den Weihnachtsmarkt kommen, erleben sie, dass Beppo die Wahrheit gesagt hat. Die Figuren spielen ihnen die ganze Weihnachtsgeschichte vor. Allerdings erleben nur sie beide dieses Wunder, weil sie sich darauf einlassen. Zwei andere, die zufällig zur gleichen Zeit auf dem Weihnachtsmarkt sind, erfahren davon nichts. So ist es mit der Weihnachtsgeschichte: Nur wer sich auf sie einlässt, kann aus ihr Hoffnung und Mut für das Leben schöpfen.

Das **»Kleine Hirtenspiel«** ist ein relativ kurzes Krippenspiel, das sich eng an die Weihnachtsgeschichte des Lukasevangeliums hält.

»Susannas Geheimnis« erzählt von der Tochter eines Herbergswirts in Bethlehem. Sie ist zehneinhalb Jahre alt und will unbedingt lesen lernen. Als Mädchen aber darf sie nicht zur Schule. Da begegnet sie Michael, der ihr die Grundzüge des Lesens beibringt. Er schenkt ihr drei Tontäfelchen. Auf einem steht das Alphabet, auf den beiden anderen Texte. Nach einiger Zeit kann sie den ersten Text – einen Text des Propheten Jesaja – entziffern. Aber sie kann ihn nicht verstehen, bis ihr Maria, die Mutter Jesu begegnet. Diese Begegnung hat Einfluss auf Susannas weiteres Leben.

»Der ungläubige Hirte« handelt davon, wie vier Hirten auf dem Feld ein Engel erscheint. Einer der Hirten aber glaubt der Botschaft des Engels nicht. Er meint, nur ein Hirte könne in einem Stall geboren werden, nicht Gottes Kind. Als die anderen nach Bethlehem eilen, bleibt er allein zurück. Da erscheint ihm nochmals der Engel und überzeugt ihn von der Wahrheit seiner Botschaft. Als der Hirte schließlich zum Stall kommt, sind die anderen schon wieder weg. Auch die drei Könige haben den Stall bereits verlassen. Beim Anblick des Gotteskindes begreift der Hirte, dass Gottes Sohn in der Armut auf die Welt kommen musste, damit er, auf einer Stufe mit den Armen dieser Welt, der Hirte der Menschen werden kann. – Dieses Weihnachtsspiel war mein erstes. Ich habe es vor rund zwanzig Jahren mit ca. sechzehnjährigen Jugendlichen aufgeführt. Alle anderen Stücke sind von Kindern zwischen sieben und vierzehn Jahren gespielt worden. Manchmal haben auch schon kleinere Kinder mitgemacht.

Es ist jedes Mal ein großes Erlebnis, mit welcher Begeisterung die Kinder ihre Rollen auswendig lernen. Vor allem um die Hauptrollen reißen sie sich, obwohl dafür sehr viel Text zu lernen ist. Die sich über rund acht Wochen hinziehenden wöchentlichen Proben sind hart, machen aber allen Beteiligten große Freude. Von Mal zu Mal ist in den letzten Jahren die Zahl derer, die bei unseren Weihnachtsspielen mitmachen, gewachsen, so dass ich hier und da noch eine kleine Rolle einbauen musste.

Die Kinder investieren enorm viel Zeit und Kraft in die Weihnachtsspiele. Doch gerade deshalb bekommen sie etwas zurück. Neben dem Erfolg, der ihnen sicher ist und ihnen in Erinnerung bleiben wird, wird ihnen – intensiver als den Zuschauern – die Botschaft der Stücke vertraut, sie erfahren von der Bedeutung, die Weihnachten für uns heute hat.

Zwei der Weihnachtsspiele sind aus gleichnamigen Geschichten entstanden: »Jakob, der Stadtschreiber von Bethlehem« und »Beppos Krippenfiguren«. Ich habe sie am Ende der Sammlung mit aufgenommen. Sie eignen sich gut zum Vorlesen, z.B. in einer Schulklasse oder in einer Kindergruppe. Es ist auch möglich, mit größeren Kindern auf ihrer Grundlage ein eigenes Weihnachtsspiel zu schreiben.

Christiane Müller

- **Verkleidung:** Die Verkleidung der Kinder braucht nicht aufwendig zu sein: Hüte für die Hirten – eine Decke oder ein Fell als Umhang; für die Weisen reichen Stoff-Umhänge in verschiedenen, leuchtenden Farben. Wir haben uns aber auch schon afrikanische Gospelchorgewänder geliehen oder Messdienergewänder aus der katholischen Kirche. Für die Engel näht man ärmellose Kleider aus weißen Bettlaken. Dazu erhalten sie ein Stirnband aus Goldfolie um den Kopf, an dem ein kleiner Stern befestigt ist. Ein Soldat braucht mindestens einen Gürtel mit einem Schwert. Manche Mütter wollen das Kostüm für ihr Kind selbst herstellen. Es ist dann darauf zu achten, dass nicht ein Kind durch sein Gewand zu sehr auffällt.

- **Requisiten:** Für jedes Stück wird ein Holzstall benötigt oder eine auf Pappe gemalte Stallwand, außerdem eine Krippe mit Stroh. Wenn möglich hängt an der Decke über der Krippe ein beleuchteter (Herrenhuter o.Ä.) Stern.
  Ansonsten weise ich auf benötigte Requisiten vor jeder Szene extra hin. In unserer Gemeinde dürfen sie nicht sehr aufwendig sein, da direkt im Anschluss an die Familienchristvesper ein Gottesdienst für Ältere stattfindet. Beim Herstellen der Requisiten sind der Phantasie allerdings keine Grenzen gesetzt. Es ist schön, wenn die Kinder bei der Gestaltung oder Beschaffung beteiligt sind.

- **Lieder:** Wenn die Stücke in einem Gottesdienst oder bei einer Gemeindefeier aufgeführt werden, empfiehlt es sich, zwischen den einzelnen Szenen singen zu lassen. Ich habe dazu Liedvorschläge gemacht.
  Die Lieder, die die Kinder singen sollen, können auch weggelassen werden. Manche Gruppen singen mit wahrer Begeisterung, andere überhaupt nicht. Wenn die Kinder singen, können sie aber immer mit einem besonderen Beifall der Zuschauer rechnen.

- **Proben:** Mit den Proben beginnen wir in der Regel Ende Oktober/Anfang November. Die Kinder werden persönlich angeschrieben. Beim ersten Treffen erzähle ich ihnen die Geschichte und wir teilen die Rollen ein. Sie bekommen ein kleines Rollenheftchen mit nach Hause, in dem ihre Rolle markiert ist. Außerdem erhalten sie einen Brief mit den Probenterminen, dem Probenort und der Bitte abzusagen, wenn sie einmal nicht teilnehmen können. Es empfiehlt sich, den Kindern einen Termin zu nennen, bis zu dem sie ihren Text auswendig können müssen. In der Regel bekommen sie dafür drei Wochen Zeit. Als Belohnung für ihre Mühe bekommen die Kindern ein Überraschungsgeschenk. Bei uns wird es immer öffentlich bei der Seniorenadventsfeier überreicht, die zugleich die Generalprobe für Heiligabend ist.

KRIPPENSPIELE

Das Wunder dieser Nacht

Ein Weihnachtsspiel in fünf Szenen

Personen: Sprecher, die zwei Hirtenkinder Jonas und Anna, vier Hirten, Maria und Josef, einer oder mehrere Engel (der Engel in der 3. Szene kann seine Rolle auch mit einem anderen Kind teilen), drei Wirte.
Requisite: Schön ist als Hintergrundkulisse eine auf ein Bettlaken gemalte Wiese mit Schafen; kann aber auch weggelassen werden.
Dauer: ca. 15 Minuten

Beginn mit dem Lied der Kinder »Hört auf die Geschichten«
(siehe: Lieder zu den Weihnachtsspielen S. 123.)
Die Kinder singen von der Seite oder von ihren Sitzplätzen aus und treten an der entsprechenden Stelle der Reihe nach nach vorne.)

Refrain nach jeder Strophe:

Hört, hört, hört auf die Geschichten,
hört, hört, hört, was wir gesehn!
Glaubt, glaubt, glaubt, was wir berichten,
glaubt, ein Wunder ist geschehn.

1. *(Verkündigungsengel und andere Engel treten vor.)*
Engel hat zuerst verkündet,
wo das Christuskind ihr findet. – *Refrain*

2. *(Maria tritt – evtl. mit dem Jesuskind als Puppe – nach vorne.)*
Maria ist auserkoren,
hat das Kindelein geboren. – *Refrain*

3. *(Josef tritt vor und legt Arm um Maria.)*
Josef ist ein Zimmermann,
hilft Maria, wo er kann. – *Refrain*

4. *(2.–4. Hirte treten vor und machen eine kurze Verbeugung vor Maria und Josef, ehe sie sich neben die anderen stellen.)*
Hirten werden erste Zeugen,
froh sie vor dem Kind sich beugen.– *Refrain*

5. *(Die beiden Hirtenkinder treten vor.)*
Kinder glauben ganz gewiss:
Dieses Kind ist Jesus Christ. – *Refrain*

6. *(1. Hirte tritt vor.)*
Auch die Zweifler sich bekehren,
weil sie sehen, nicht nur hören. – *Refrain*

7. *(Wirte treten vor.)*
Bald schon glauben auch die Reichen
an die wunderbaren Zeichen. – *Refrain*

8. *(Alle fassen sich an den Händen.)*
Hört nun alle voller Freude:
Christus ist geboren heute. – *Refrain*

1. Szene: Unterwegs

Requisiten: möglichst eine kleine Bank (Kindergartenbänkchen), auf der Maria und Josef Rast machen, vor einem Tannenbaum oder einer großen grünen Pflanze. Maria und Josef können aber auch auf dem Boden sitzen.
Eine Tasche oder ein Rucksack mit etwas Proviant.

SPRECHER: Eine Nacht ist das – voll Herrlichkeit!
Kein Windhauch regt sich weit und breit
über dem kahlen Winterfeld.
Ein selt'ner Stern erhellt
mit mildem Schein die Erde heute.
Spüren wir schon die nahe Freude? -
Nein, noch kann wohl niemand verstehen,
dass bald ein Wunder wird geschehen.
(Die zwei Hirtenkinder Anna und Jonas treten hervor.)

Auch die zwei Hirtenkinder nicht,
die mit ängstlichem Gesicht
auf das Feld zum Vater eilen,
um ihm mit Sorge mitzuteilen,
dass die Mutter im Kindbettfieber liegt.
Erst gestern hat sie ein Baby gekriegt,
einen Jungen namens Simeon.
Hoffentlich kommt sie mit dem Leben davon.

ANNA: *(erschöpft)* Komm, lass uns endlich verschnaufen!
Wie lange sind wir schon gelaufen?

JONAS: Ich weiß nicht. – Vielleicht ein, zwei Stunden?
(deutet nach vorne) Sieh, ich habe einen Rastplatz gefunden,
dort vorne, unter dem großen Baum.

ANNA: Aber schau doch. Man sieht es kaum,
doch ich glaube, dass da schon Leute sind.
(kommen näher)
Ja. Jetzt sehe ich eine Frau, die erwartet ein Kind,
und einen Mann zu ihren Füßen.
Da werden wir wohl vorbeigehen müssen.
(Die Kinder wollen vorbeigehen, doch der Mann spricht sie an.)

JOSEF: Entschuldigt! Führt dieser Weg nach Bethlehem?

JONAS: Ja. Immer geradeaus müsst ihr gehn.
Ich glaube, es ist nicht mehr weit.

JOSEF: Wie gut! Bei meiner Frau ists bald an der Zeit.
Der weite Weg war doch recht schwer.
Wir kommen direkt von Nazareth her,
weil Kaiser Augustus befohlen hat,
dass jeder gehe in seine Heimatstadt.

ANNA: Hoffentlich könnt ihr eine Herberge finden!

MARIA: Wo soll ich sonst mein Kind entbinden?

ANNA: Man sagt, in Bethlehem sei zur Zeit viel Betrieb.
Doch sicher ist dort jemand so lieb
und nimmt euch auf in seinem Heim.

MARIA: Gewiss wird jemand so freundlich sein.

JOSEF: Nun aber ist es Zeit zu gehen.
Vielen Dank auch! Und auf Wiedersehen!
(Sie gehen weiter.)

Jonas: Das waren aber arme Leute.
Hoffentlich finden sie eine Bleibe heute.
Wir wollen uns nun hier indessen
ein wenig ausruh'n und unsere Brote essen.
(Sie setzen sich und schlafen bald ein.)

Lied (z.B.): »Seht, die gute Zeit ist nah«
(Währenddessen wird die Bank weggeräumt und die Herberge aufgestellt.)

2. Szene: In Bethlehem

Requisiten: ein auf Pappe gemaltes Haus. Daran drei an einen Nagel übereinandergehängte Schilder. Das obere Schild ist beschriftet mit einem Herbergsnamen nach Wahl, z.B.: »Herberge zur Sonne« – »Zum singenden Wirt« o.Ä., auf dem zweiten steht: »Gasthaus zu den Buchen«, auf dem unteren »Gasthaus zum guten Mann« (siehe Text). Hinter dem Haus stellen sich die drei Wirte auf. Wenn Maria und Josef von den Wirten abgewiesen werden, laufen sie jeweils einen großen Bogen, ehe sie wieder zu dem Haus zurückkehren. Währenddessen nimmt einer der Wirte das oberste Schild ab, so dass deutlich wird, dass es sich jeweils um eine andere Herberge handelt.

Sprecher: Heute klingen bei den Reichen die Kassen,
denn der Kaiser hat ein Gebot erlassen,
dass das ganze Volk gezählt werden soll.
Nun sind die Herbergen der Städte voll.
So viele werden in diesen Tagen
in ein Register eingetragen.
Auch Maria und Josef kommen deshalb her.
Zu spät! – Die Herbergen haben keine Plätze mehr.
Und jeder Wirt winkt ihnen ab.

Josef: *(klopft an die erste Herberge – der 1. Wirt öffnet)* Wir bitten ...

1. Wirt: *(fällt Josef sogleich barsch ins Wort)*
Tut mir Leid. Zimmer sind bei mir knapp.

Josef: Ach bitte, seien Sie doch so nett.
Nur ein kleines Zimmer. – Es reicht ein Bett.

1. Wirt: *(schaut Josef und Maria verächtlich von Kopf bis Fuß an)*
Ihr seht nicht aus, als hättet ihr Geld.
Ich nehme keinen, der mir nicht gefällt. *(wirft die Tür zu)*

MARIA: Lass es uns da drüben noch mal versuchen.
Dort, im Gasthaus »Zu den Buchen«,

JOSEF: *(klopft an das nächste Gasthaus – der 2. Wirt öffnet)*
Wir bitten um Herberge geschwind.
Meine Frau bekommt bald ihr erstes Kind.

2. WIRT: Ph! Sieht das nach einem Armenasyl aus?
Ich habe ein herrschaftliches Haus.
Meine Gäste stört Kinderlärm und Babygeschrei.

MARIA: Was soll nur werden?

2. WIRT: Ist mir einerlei! *(wirft die Tür zu)*

MARIA: *(Maria und Josef laufen weiter.)*
Wie kann man nur so hartherzig sein?

JOSEF: Mancher kann sich nur an seinem Reichtum erfreun.
Kriegt er Geld, setzt er sich für Menschen ein.
Sonst aber ist sein Herz wie Stein.

MARIA: Kein Flehen kann solch einen Menschen zwingen,
für einen anderen ein Opfer zu bringen.
Doch schau: Da ist das »Gasthaus zum guten Mann«.
Versuchen wirs hier und klopfen an!

JOSEF: *(klopft an – der 3. Wirt öffnet)*
Wir brauchen dringend ...

3. WIRT: Ein Zimmer? – Oh, gerade eben
hab' ich den letzten Raum vergeben.

JOSEF: *(Er schaut sich um. Da fällt sein Blick auf den Stall.)*
Ich sehe: Da drüben habt ihr einen Stall.
Man weist uns ab – überall.
Und meine Frau bekommt bald ihr Kind.

MARIA: Ja. Ich krieg' es bei Schaf, Esel und Rind
lieber als draußen in der Kälte.
Helft doch! Gott es euch vergelte!

3. WIRT: Meinetwegen! Legt euch in den Stall aufs Stroh!

JOSEF: Vielen Dank, mein Herr!

MARIA: Wie bin ich froh! *(gehen zum Stall)*

Lied: »Es ist ein Ros entsprungen«

(Dabei wird die Herberge weggeräumt und der Stall aufgebaut.)

3. Szene: Der Traum

Requisiten: Kassettenrekorder und Kassette mit Hundegebell oder Mitspieler, die Hundegebell nachahmen; meditativer Musik

Sprecher: Während kurz nach Mitternacht
im Stall neues Leben ist erwacht
und Babygeschrei erfüllt den Raum,
liegen die Kinder unter dem Baum.
Nach dem Essen erschöpft eingeschlafen
vergessen sie den Vater bei den Schafen,
vergessen die Mutter in ihrem Fieber.
Im Traum jedoch hören sie herrliche Lieder,
die ganz wunderbar erklingen,
als würden Engelschöre singen.

Lied und Tanz der Engel: »Der Stern steht hoch am Himmelszelt«

(Melodie u. Tanzbeschreibung: siehe Lieder zu den Weihnachtsspielen S. 124)

Sprecher: Nun hören sie Worte, die ein Engel spricht:
Engel: *(Leise Musik ertönt, während der Engel spricht.)*
Halleluja! Fürchtet euch nicht!
Heute beginnt eine heilige Zeit.
Darum macht euch schnell bereit
für das, was Gott euch hat gegeben.
Seinem Sohn hat er geschenkt das Leben.
Zur Herrschaft der Welt ist er auserkoren!
Doch ist er arm in einem Stall geboren.
Nicht in der Königsstadt Jerusalem,
sondern im kleinen Bethlehem.
Sein Bett besteht aus Heu und Stroh.
Er macht euch aber alle froh,
weil auch er Angst kennt und das Leid.
Er kommt, damit er euch befreit
aus Armut, Trauer, aus Kummer und Not.
Geht hin und danket eurem Gott.
Dicht über jenem Stalle steht
der Stern, den ihr oben am Himmel seht.

Folgt ihm! Ihr werdet Gott selber entdecken!
Glauben und Mut will er in euch wecken!
(Musik klingt langsam aus)

JONAS: *(kommt langsam zu sich und reibt sich verschlafen die Augen)*
Nanu! Bin ich vom Schlaf erwacht? – *(blickt zum Himmel)*
So lange wollten wir hier nicht verweilen.
(springt auf und schüttelt Anna)
Wach auf! Wir müssen uns beeilen!

ANNA: Was ist? – Sind wir immer noch unter dem Baum?
(setzt sich langsam auf)
Jonas! Ich hatte einen so herrlichen Traum
von einem Engel, der eine Botschaft brachte!
Stell dir vor, was er mir sagte!
Er sagte ...

JONAS: *(legt sich den Finger auf den Mund)*
Psst! Lass mich raten.
Vielleicht gleichts dem, was ich gesehen:
Er sagte: Wir sollen nach Bethlehem gehen:
Dort ist im Stall ein Kind geboren,

BEIDE: von Gott zum Retter der Welt auserkoren.

ANNA: *(begeistert)* Ja, Jonas, dann ist der Traum ja wahr:
Das Gotteskind ist wirklich da!
Kannst du den Stern dort oben sehen?
Er soll dicht über dem Stalle stehen.

JONAS: Komm! Wir gehen sofort dort hin!

ANNA: Nein. Das hat noch keinen Sinn.
Erst müssen wir sehn, wo sich Vater aufhält.
(In diesem Augenblick hört man Hundegebell.)

JONAS: Horch! Haben da nicht Hunde gebellt?
Ich dachte, wir brauchten noch eine Stunde.
Doch nach dem Bellen der Hunde
kann das so weit nicht mehr sein.
Komm, wir laufen dem Bellen nach – querfeldein.

Lied (z.B.): »Kommet, ihr Hirten«

4. Szene: Auf dem Feld

SPRECHER: *(Immer wieder hört man das Bellen von Hunden, das allmählich lauter wird. – Man sieht, wie sich der 1. Hirte gerade versteckt, als die Kinder ankommen.)*
Anna und Jonas eilen dem Bellen der Hunde nach,
quer über Wiesen und Felder. Die liegen brach
in dieser kalten Jahreszeit.
Nun ist das Bellen nicht mehr weit,
und sie hören das Blöken von Schafen.
Ob die Hirten alle schlafen? –
Doch wie erschrecken sie im milden Sternenschein:
Die Schafe im Pferch sind ganz allein.
Kein Hirte ist bei den Herden zu sehen.
›Da ist sicher was Schlimmes geschehen‹,
so denken die Kinder bange.
Und es dauert ziemlich lange,
da endlich dämmert es ihnen:

JONAS: *(schlägt sich in plötzlicher Eingebung an den Kopf)*
Klar! Auch den Hirten ist der Engel erschienen!
Sie werden zu dem Kind gegangen sein.
Komm, Anna! Vielleicht holen wir sie noch ein.

ANNA: Es war dumm von uns, durch die Felder zu gehen.
Auf dem Weg hätten wir sie sicher gesehen.
(Die Kinder kommen genau an die Stelle, wo der Engel vorher stand. Der 1. Hirte tritt leise heran. Die Kinder bleiben erschrocken stehen.)

1. HIRTE: Halt! Nehmt mich bitte mit zum Stall!
Zu viert hüteten wir die Schafe all'.
Da – plötzlich wurde es blendend hell
und – ja, haargenau an dieser Stell,
wo ihr jetzt steht – ein Engel stand.
Er sagte, er sei von Gott gesandt.
Er sprach von einem Kind auf Stroh.
Alle anderen Hirten wurden froh.
Sie eilten fort, ließen zurück das Vieh.
Nur ich nicht. Ich lachte über sie.
»Einem Traum glaubt ihr, der nicht wahr ist.«

Jetzt höre ich, dass auch ihr davon wisst,
von dem Engel, vom neugeborenen Kind.
Auch wenn meine Zweifel nicht zerronnen sind,
so ist doch meine Neugier erwacht.
Ich laufe mit euch durch die Nacht!«
(Die Kinder nehmen den Hirten an die Hand und laufen zum Stall.)

5. Szene: Im Stall zu Bethlehem

ANNA: Seht! Das muss der Stall wohl sein.
Wie schön sieht er aus in des Sternes Schein.
JONAS: Wir können dem Kindlein gar nichts geben.
ANNA: Wir werden ihm weihen unser Leben.
Denn dass hier ist ein Wunder geschehen,
kann nicht spurlos an uns vorübergehen.
Es wird uns auf Wege des Friedens lenken,
uns Trost und Gottvertrauen schenken.
(Sie treten in den Stall. Da stehen schon die drei anderen Hirten, ins Gebet vertieft; der zweite Hirte ist der Vater der Kinder. Die Kinder aber sehen ihn zuerst nicht, sondern schauen auf die Krippe und Maria und Josef.)
JONAS: *(stößt Anna an)*
Das sind ja die, die uns heute Nacht begegnet sind!
ANNA: Und das ist ihr neugeborenes Kind.
(Sie beugt sich über die Krippe und fragt dann Maria:)
Wie heißt es denn?
MARIA: Jesus. Das bedeutet: Gott hilft.
4. HIRTE: So wollen wir glauben, dass er uns hilft,
dass er unser Heiland und Retter ist.
3. HIRTE: Gott hält zu uns, das ist gewiss.
1. HIRTE: Hoffentlich nehmen die Menschen das an
und zweifeln später nicht daran,
dass Gott selber in Jesus erschienen ist,
weil er die Menschen nie vergisst.
2. HIRTE: *(erblickt erst jetzt seine Kinder)*
Nanu, Jonas und Anna? Was macht ihr denn hier?

Anna: Ach, Vater! Wir wollten eigentlich zu dir!
Stell dir vor, du hast einen Jungen wieder.
Doch Mutter liegt zu Hause im Fieber.
(schaut auf Jesus)
Jesus erinnert mich so an Simeon.
Gewiss geht es Mutter besser schon.
Längst spüre ich in mir große Freude.
Ich hatte Angst! – Doch heute
ist mir, als sei alle Angst genommen.

Jonas: Vater, wirst du mit uns nach Hause kommen?

2. Hirte: Natürlich. Ich will meinen Sohn doch sehn.
Auch Mutter. – *(zu den anderen Hirten)* Ihr könnt das doch verstehn?

Hirten: *(nicken)* Ja. Ja.

2. Hirte: *(zu den anderen Hirten)*
Kümmert ihr euch bitte um meine Herde.
Schalom! Ich schätze, übermorgen werde
ich dann wieder bei euch sein.

Hirten: Schalom! Möge deine Frau genesen sein!

2. Hirte: *(zu Maria und Josef und dem Kind)*
Ihr Lieben, Friede sei mit euch drei'n!
Die wir nun treffen, schicken wir rein
zu euch, in diesen kleinen Stall.
Wir werden es verkünden überall,
welch ein Wunder ist heute Nacht geschehen.
Denn wir haben Gottes Sohn gesehen!

Stern über Bethlehem

Personen: 2 Nachtwächter, Vater, Mutter, die Geschwister Andreas und Miriam, vier Hirten, ein oder zwei Engel, eine alte Frau, ein Händler, ein Soldat, Onkel Tobias, Maria und Josef (und ein Esel).
Dauer: ca. 25 Minuten

Vorspann

Requisiten: evtl. eine Hausfront aus Pappe. Dahinter sind Andreas und Miriam mit ihren Eltern. Sie sind noch nicht zu sehen.
Eine Laterne oder eine große Kerze für den ersten Nachtwächter, ein Gong für den zweiten. Der zweite Wächter schlägt hinten achtmal den Gong und kommt dann nach vorne zum ersten Nachtwächter, während er spricht:

2. WÄCHTER: Hört, ihr Leut', und lasst euch sagen:
Unsre Glock' hat acht geschlagen.
Es wird dunkel, bald wirds Nacht.
Gott hält über euch die Wacht.

1. WÄCHTER: *(zündet die Laterne an)*
Ich zünde die Laterne an,
damit man etwas sehen kann.
(Währenddessen kommt der 2. Nachtwächter zu ihm.)
Ach, du bists. Acht hat die Uhr schon geschlagen.
(reicht ihm die Hand)
Was ist das für eine Unruhe in diesen Tagen!
(Der 2. Wächter nickt.)
So viele Menschen strömen nach Bethlehem rein.
Eigentlich ist unsre Stadt zu klein.
Wie gestern, so war es auch heute:
Durchs Stadttor kamen unzählige Leute.
Sie alle werden in diesen Tagen
in ein Register eingetragen.
Dafür muss jeder in seine Heimatstadt,
weil Kaiser Augustus das befohlen hat.

2. Wächter: Jede Stunde läut' ich die Glocke am Turm.
Ich läute sie kräftig. Und ich läute Sturm,
wenn nur einen Bösen ich hier entdecke.
Denn zur Zeit lauert Böses an jeder Ecke.
Man muss damit rechnen – überall.
So mancher Mann kommt hier zu Fall,
wird zum Verbrecher, zum Räuber, zum Dieb.
Es sind längst nicht alle Leute lieb.

1. Wächter: Es geht halt vielen Menschen nicht gut.
Sie leben in Not, ohne Hoffnung und Mut.
Wie sollen die Armen an Gott noch glauben,
wenn die Römer ihnen alles rauben,
wenn sie die Armen immer ärmer machen
und sich die Reichen ins Fäustchen lachen?
Schau nur, da wohnt ein Bauersmann
(zeigt auf die Front eines Hauses)
mit Frau und den Kindern Andreas und Miriam.
Sie arbeiten schwer. – Jeder neue Tag
bedeutet für sie Mühe und Plag.
Dennoch reicht ihr Verdienst nicht zum Leben.
Zu viel davon müssen als Steuern sie geben.
Für Nahrung, Kleidung und andere Sachen
müssen sie meistens Schulden machen,
vor allem, wenn die Ernte ist karg.
Wie man mit den Menschen umgeht, ist arg.

2. Wächter: Ja, ja. Wo soll das alles enden?
Nur Gott könnte diese Zeiten wenden,
indem er uns den Messias schickt.
Doch noch hat niemand diesen Retter erblickt.
Gott sitzt halt auf dem Himmelsthron.
Was weiß der vom Leid der Menschen schon?

1. Wächter: Vielleicht hat er uns ganz verlassen,
weil wir einander wehtun und hassen,
statt zu lieben, zu helfen und Gutes zu tun.
Die Mächt'gen denken nur an ihren Ruhm,
und die Armen bleiben mit ihrer Not allein.
Ach könnte die Welt doch anders sein!

2. WÄCHTER: Die Stund' ist gleich um. Ich muss jetzt gehn.
So schnell eilt die Zeit. Auf Wiedersehn!
(Sie reichen einander die Hand. Der zweite Wächter geht wieder nach hinten zu seinem Gong und schlägt ihn neun Mal.)
Hört, ihr Leut', und lasst euch sagen:
Unsre Glock' hat neun geschlagen.
Lasst trotz aller Not und Mühn
Liebe in die Herzen ziehn.

1. Szene

Die Hauswand wird weggenommen, so dass Vater, Mutter, Andreas und Miriam sichtbar werden. Sie sitzen auf einer Decke und unterhalten sich. Oder (falls keine Hauswandkulisse vorhanden ist) Vater, Mutter, Miriam und Andreas treten erst jetzt nach vorne und setzen sich auf den Boden oder eine Decke.

VATER: Es ist nichts zu machen. Ich habe mit dem römischen Statthalter persönlich geredet. Wenn wir nicht bald unsere Schulden bezahlt haben, werden wir als Sklaven verkauft. Unser Haus und alles, was wir haben, wird in römischen Besitz übergehen.

MUTTER: Wie entsetzlich! Wir können doch nichts dafür, dass wir in den letzten beiden Jahren solch eine schlechte Ernte hatten.

VATER: Nein. Aber am schlimmsten sind die hohen Steuern, die die Römer verlangen. Ohne diese Abgaben kämen wir über die Runden.

ANDREAS: Ich will aber nicht verkauft werden. Ich will hier bleiben.

MIRIAM: Ich auch.

VATER: Solange die Volkszählung stattfindet, dürfen wir noch in Bethlehem bleiben, hat der Statthalter gesagt. Denn jeder soll ja in seiner Heimatstadt gezählt werden. Und wir sind hier geboren. Aber wer weiß, wo wir dann hinkommen?

MUTTER: *(legt die Arme um ihre Kinder)* Hoffentlich können wir wenigstens zusammenbleiben!

VATER: Dafür gibt es keine Garantie. Das wisst ihr. Es ist schon oft vorgekommen, dass die Kinder woanders hinkamen als die Eltern.

ANDREAS: *(wütend)* Das ist gemein! Diese Römer sind so gemein! Erst besetzen sie unser Land und dann zerstören sie auch noch unsere Familien.

VATER: Ja, Andreas. So ist es. Doch wir sind nur arme Bauern. Wir können dagegen nichts tun. Wir können nur hoffen und beten, dass es bald ein Ende mit der Gewaltherrschaft hat.

MIRIAM: Vielleicht kommt ja eines Tages der Messias und sorgt dafür, dass es in Israel wieder Frieden und Gerechtigkeit gibt.

MUTTER: Ach, darauf warten wir nun schon so lange! Fast glaube ich nicht mehr daran. – Aber nun, Kinder, müsst ihr schlafen gehen. Es ist spät.

ANDREAS: Ich kann aber nicht schlafen!

MUTTER: Nun macht euch mal nicht solche Sorgen! Sich grämen hilft auch nicht weiter.

VATER: Eine kleine Hoffnung habe ich noch. Ich werde morgen zu Onkel Tobias gehen. Seitdem der eine Herberge in Bethlehem hat, hat der Geld wie Heu! Vielleicht hilft er uns ja.

MUTTER: Onkel Tobias? Ach, der ist doch so geizig wie nur was! Ich wette, der hätte noch nicht mal ein Stück Brot für uns!

MIRIAM: *(gähnt)* Gute Nacht! Ich gehe jetzt wirklich schlafen!

ANDREAS: Na gut! Ich komm mit. Gute Nacht!

ELTERN: Gute Nacht! Und schlaft schön!

(Die Eltern treten ab. Die Kinder richten sich ein Nachtlager und legen sich hin.)

(Die Uhr schlägt zehn.)

2. Szene

Requisiten: ein Fell oder eine Decke, zwei Öllämpchen oder Kerzen, evtl. eine Steinschleuder. (Text beachten und evtl. abändern.)

ANDREAS: *(Die beiden Kinder liegen auf ihrem Nachtlager.)* Miriam, schläfst du schon?

MIRIAM: Nein. Ich kann nicht schlafen.

ANDREAS: Ich auch nicht. Ich denke immerzu daran, dass wir vielleicht verkauft werden.

MIRIAM: Ich auch, Andreas. Ich habe solche Angst!

ANDREAS: Weißt du was? Wir hauen ab!

MIRIAM: Abhauen? Das ist doch nicht dein Ernst! Wo sollen wir denn hin?

ANDREAS: Abhauen ist immer noch besser als verkauft werden. – Vielleicht finden wir eine Arbeit. Knechte und Mägde werden überall gesucht. Und dann bezahlen wir den Eltern die Schulden.

MIRIAM: Aber wenn uns die Soldaten erwischen!

ANDREAS: Die haben doch Wichtigeres zu tun, als nach ausgerissenen Kindern zu suchen. Die müssen für Ruhe und Ordnung sorgen – gerade jetzt bei der Volkszählung. Außerdem sind überall Menschen unterwegs. Da fallen wir gar nicht auf. – Komm, wir packen schnell ein paar Sachen ein. *(Beide stehen auf und suchen ein paar Sachen zusammen. – Andreas hält ein Fell hoch.)* Meinst du, wir brauchen das, Miriam?

MIRIAM: Nimms mit. Es wird kalt heut' Nacht. *(Sie nimmt auch ein Fell und zeigt Andreas ein Öllämpchen.)* Und was meinst du dazu?

ANDREAS: Ja. Das ist wichtig in der Dunkelheit. Ich nehme mein Lämpchen auch mit. *(nimmt auch sein Öllämpchen)* Und meine Steinschleuder nehme ich mit – damit wir uns wehren können, wenn uns jemand angreift.

MIRIAM: Wir haben kein Brot mehr im Haus.

ANDREAS: Macht nichts! Wir werden unterwegs schon irgendwas zum Essen aufstöbern. Komm, wir gehen! *(Die Kinder schleichen sich aus dem Haus.)*

MIRIAM: Ich habe Angst. Und ich friere. Ich habe nicht gedacht, dass die Nacht so schwarz und kalt sein kann. *(Sie hängt sich ihr Fell um.)*

ANDREAS: Ich auch nicht. Nicht mal der Mond ist am Himmel zu sehen. – Und unsere Öllämpchen können wir auch nicht anzünden. Wie sollen wir hier einen Feuerstein finden.

MIRIAM: Aber schau! Leuchtet da hinten nicht ein Licht? Da hat jemand ein Feuer angezündet.

ANDREAS: Das sind bestimmt die Hirten auf dem Feld vor Bethlehem. Wir können ja mal hingehen.

MIRIAM: Meinst du, das können wir wagen?

ANDREAS: Hirten reden meistens nicht viel. Die sind bestimmt nicht neugierig. Vielleicht haben sie ein Stück Brot für uns. Und wir dürfen uns sicher an ihrem Feuer wärmen.

MIRIAM: Na gut. Aber der Weg dahin ist ganz schön weit.

ANDREAS: Wir werden es schon schaffen, Miriam.

Sologesang: »Sterngeburt«

(siehe Lieder zu den Weihnachtsspielen S. 126)

(Die Uhr schlägt elf.)

3. Szene

Requisiten: zusammengebundene Stöcke, durch die das Feuer angedeutet wird (nicht unbedingt nötig), ein Brot für die Hirten, eine Flöte. Während der Engel spricht, kann man leise Musik von CD oder Kassette einspielen.

1. HIRTE: Nanu! Zwei Kinder? Mitten in der Nacht?

ANDREAS: Wir haben uns verirrt. Dürfen wir uns ein wenig an eurem Feuer wärmen?

2. HIRTE: *(deutet auf das Feuer)*
Bitte sehr!
(Die Kinder kauern sich vor dem Feuer nieder und halten wärmend die Hände darüber.)

3. HIRTE: Da! Ihr habt sicher Hunger.
(bricht zwei Stücke Brot ab und reicht sie den Kindern)

KINDER: Danke.

(Der 4. Hirte spielt eine Melodie auf seiner Flöte – evtl. nur angedeutet und von Kassette. Dabei schlafen die Kinder ein.)

(Die Uhr schlägt zwölf. – Da geht auf einmal das Licht an.)

3. HIRTE Es wird plötzlich so hell. Findet ihr nicht auch?

1. HIRTE: Ja! *(schaut nach oben)* Seht nur! Ein Stern ist aufgegangen! Er scheint so seltsam hell und klar in diese Finsternis.

2. HIRTE: Ein merkwürdiger Stern! Solch einen Stern habe ich noch nie gesehen.

4. HIRTE: Ich sage euch: Der hat etwas zu bedeuten. Dieser Stern soll ein Zeichen sein.

(Auf einmal ertönt leise Musik und ein Engel erscheint. Die Hirten fallen erschrocken zu Boden.)

Engel: *(es können auch zwei Engel sein)*

Dies ist die Nacht der Nächte heute.
Dies ist die Nacht der großen Freude.
Dies ist die Nacht, in der ein Stern
verkündigt die Geburt des Herrn.

Solch Stern *(deutet nach oben)* habt ihr noch nie erblickt.
Gott hat ihn in die Welt geschickt.
Schaut! Der Himmel steht euch offen,
und alle dürft ihr darauf hoffen,
dass Gott, der Herr, euch Menschen versteht,
mit euch durch Freude und Leiden geht.

Ein Kind ist in dieser Nacht geboren.
Gott hat es zum Retter auserkoren.
Noch ists ein Baby, klein und arm.
In einem Stall zur Welt es kam.

In der Schwäche aber liegt Gottes Kraft.
Denn aus Schwachem er etwas Starkes schafft.
Den Armen, Verzweifelten und Geringen
soll das Leben endlich gelingen.

Vertrauen brauchen sie, Liebe und Mut.
Gott steht zu euch. Spürt ihr's? – Das tut gut!

Wollt ihr Gottes Liebesbeweis sehen,
müsst ihr mit dem Stern nach Bethlehem gehen.
Dort liegt das Kind, in einer Krippe auf Stroh.
Geht nur zu ihm! Werdet froh!
(Der Engel verschwindet. Die Musik klingt langsam aus. Die Hirten sehen einander erstaunt an, während die Kinder weiterschlafen.)

4. HIRTE: Ein Engel! Wirklich! Das war ein Engel!

3. HIRTE: Ich kanns gar nicht glauben! Wieso ein Engel?

2. HIRTE: Nach Bethlehem sollen wir gehen. Da liegt ein Kind in einer Krippe.

1. HIRTE: Ein Neugeborenes soll der Retter der Welt sein? Das kann doch nicht sein!

2. HIRTE: Das Neugeborene wird doch auch einmal erwachsen, du Schlaumeier. Aber jetzt schon sollen wir sehen, dass es ein besonderer Mensch ist.

4. HIRTE: Ein besonderer Mensch? Das muss mehr als ein besonderer Mensch sein. In ihm zeigt Gott sein wahres Angesicht.

3. HIRTE: Lasst doch endlich das Gequatsche! Kommt, wir machen uns auf den Weg!

2. HIRTE: Und die Kinder? Sollen wir die nicht mitnehmen?

1. HIRTE: Wie tief die schlafen! Die haben gar nichts mitbekommen! *(schüttelt sie)*

ANDREAS: *(Die Kinder räkeln sich und reiben sich die Augen.)* Was ist denn los? Wo bin ich? – Ach, jetzt weiß ich wieder. Aber warum ist es auf einmal so hell?

MIRIAM: *(Schaut nach oben)* Schau, was für ein herrlicher Stern da aufgegangen ist!

3. HIRTE: Ja, ein Stern ist aufgegangen, und ein Engel ist uns erschienen.

4. HIRTE: Wir sollen nach Bethlehem gehen, hat er gesagt. Dort ist der Retter der Welt geboren.

2. HIRTE: In einem Stall in einer Krippe soll er liegen. Wenn wir dem Stern folgen, werden wir ihn finden.

Miriam: Wen? Den Messias, unsern Retter, auf den wir schon so lange warten?

Andreas: So ein Quatsch! Der Messias wird doch nicht in einem Stall geboren! Ihr habt geträumt – oder ihr seid verrückt! Komm, Miriam, wir wollen weitergehen!

1. Hirte: So kommt ihr nicht mit uns nach Bethlehem?

Andreas: Da kommen wir doch erst her! Nein, nein! Wir wollen weiterziehen! Komm, Miriam!

Miriam: Sollten wir nicht besser zurückgehen? Wir müssen doch eigentlich bei der Volkszählung zu Hause sein. Jeder, der nicht in seinem Heimatort ist, wird bestraft.

Andreas: Sei nicht feige, Miriam! Wenn wir zurückgehen, werden wir womöglich verkauft. So haben wir eine Chance! Komm! *(zerrt Miriam am Arm)*

3. Hirte: Nehmt euch wenigstens etwas Proviant mit! *(gibt jedem ein Stück Brot)*

Miriam: Vielen Dank auch, ihr Hirten, und eine gute Nacht! *(zündet noch schnell ihr Öllämpchen am Feuer an)*

Hirten: Auf Wiedersehen!

Lied (z.B.): **»Kommet, ihr Hirten«**

(Die Uhr schlägt eins.)

4. Szene

Requisite: der Esel des Händlers – kann ein mit grauem Stoff behängtes Kleinkinderpferd auf Rollen sein. Vielleicht ist auch jemand bereit, den Esel zu spielen.

Miriam: *(hält ihr Öllämpchen Andreas hin)* Hier! Zünde doch dein Lämpchen an meinem an! Zum Glück habe ich was vom Hirtenfeuer mitgenommen. Ich hab' das Gefühl, je weiter wir uns von Bethlehem entfernen, desto schwächer leuchtet der Stern. Es ist wieder dunkler und kälter geworden. *(Andreas zündet sein Lämpchen an ihrem an. Da kommt ihnen eine alte Frau entgegen.)*

Alte Frau: Guten Abend, ihr Kinder. Ich komme von weit her, vom

Norden. Nach Bethlehem muss ich, wegen der Volkszählung. Bin ich hier auf dem richtigen Weg?

ANDREAS: Ja. Aber es ist noch ein Stück zu laufen, etwa eineinhalb Stunden. In die Richtung *(zeigt mit dem Zeigefinger die Richtung an)* – über die Felder.

ALTE FRAU: Seltsam. Die ganze Zeit war die Nacht stockfinster und eisig kalt. Auf einmal ist ein Stern am Himmel aufgegangen. Solch einen Stern habe ich noch nie gesehen. Es ist so, als würde er mich direkt nach Bethlehem führen. Da hinten *(zeigt in Richtung Bethlehem)* scheint er besonders klar und hell zu strahlen.

MIRIAM: Da haben Sie Recht, gute Frau. Ich meine, je weiter wir uns von Bethlehem entfernen, desto dunkler und kälter wird es.

ANDREAS: Jetzt hör' aber auf. So'n Quatsch! So was gibts doch gar nicht!

ALTE FRAU: Ich jedenfalls merke: Ohne den Stern würde ich bestimmt nicht weiterlaufen. Ich bin nämlich ganz schön erschöpft. Doch der Stern lässt mich hoffen, dass ichs bald geschafft habe. Auf Wiedersehen!

KINDER: Auf Wiedersehen!

MIRIAM: Merkst du wirklich nicht, dass wir immer weiter ins Dunkle gehen? Ach, Andreas, ich habe solche Angst!

ANDREAS: Sei still! Was wir angefangen haben, machen wir auch zu Ende!

(Ein Händler mit einem beladenen Esel kommt daher. Er bemerkt die Kinder zuerst nicht.)

HÄNDLER: Jetzt lauf endlich weiter, du störrischer Esel! So kurz vor dem Ziel kannst du doch nicht schlappmachen! –

(Er erblickt die Kinder.)

Nanu! Was treibt ihr euch denn hier mitten in der Nacht herum? Kommt ihr aus Bethlehem?

ANDREAS: Ja. Und du? Bist du ein Kaufmann?

(Der Händler nickt.)

Du gehst sicher auch in deinen Geburtsort Bethlehem zur Volkszählung.

HÄNDLER: Ja, zu dieser verfluchten Zählung. Die wird noch mein

Ruin sein! Der Weg dorthin ist viel zu weit. Ich komme aus Nathania. Dort hatte ich einen Marktstand. Ich, der Händler Ephraim, bin bei allen bekannt. Jeden Tag hatte ich einen großen Umsatz.
Doch was soll nun werden? Unterwegs habe ich kaum etwas verkaufen können. Und wenn ich irgendwann nach Nathania zurückkomme, werde ich wieder ganz von vorne anfangen müssen. – Jetzt streikt auch noch mein Esel! Du Mistvieh! *(Er schlägt auf den Esel ein.)*

MIRIAM: Lass doch das arme Tier! Es hat dir nichts getan. Es ist einfach erschöpft. Siehst du das nicht?
(Sie streichelt dabei den Esel.)
Da, du guter Esel – da hast du eine Stärkung.
(Sie hält ihm einen Rest von ihrem Brot hin.)
Du darfst deinen Esel nicht schlagen. Dann wird er nur störrisch. Du musst ihm gut zureden.

HÄNDLER: *(zerrt den Esel ärgerlich weg)*
Ich glaube, ich verstehe mehr von Eseln als du.
Komm, Alter, wir gehen weiter!
Komisch, es sieht dahinten aus, als würde es Morgen werden. Dabei kann doch gerade erst Mitternacht vorbei sein.

MIRIAM: Das ist der Stern da oben. Je näher du nach Bethlehem kommst, desto heller leuchtet er.
(Andreas schüttelt den Kopf, aber er schweigt.)

HÄNDLER: Der Stern? *(schaut hoch)* Das kann doch nicht sein. Dann würde er doch hier genauso hell leuchten wie dort.
Na ja! Ich bin mal gespannt, was mich in Bethlehem erwartet. Auf Wiedersehen!

KINDER: Auf Wiedersehen!
(Der Händler zieht mit seinem Esel weiter.)

MIRIAM: Am liebsten würde ich zurückgehen und sehen, was es mit dem Stern auf sich hat. Bestimmt hat er eine besondere Bedeutung. Vielleicht ist ja wirklich der Messias geboren, wie die Hirten sagen.

ANDREAS: Du hast ja nur Angst. Wahrscheinlich sind Wolken am Himmel aufgezogen, und deshalb ist es hier so dunkel.

MIRIAM: *(trotzig)* Alle sehen es. Nur du willst es einfach nicht wahrhaben, dass diese Nacht eine besondere Nacht ist. Ich gehe jetzt zurück!

(Miriam dreht sich um. Da steht ein Soldat vor ihr. Miriam erschrickt.)

SOLDAT: Na! Seid ihr etwa von zu Hause ausgerissen?

(Andreas will weglaufen, aber der Soldat hält ihn fest)

Halt, mein Bürschchen! Hier geblieben! Wo kommt ihr denn her?

ANDREAS: *(stottert)* Aus B-B-B-B-Bethlehem.

SOLDAT: Aus Bethlehem also! Das ist sicher eure Geburtsstadt, stimmts? Da habt ihr doch Anwesenheitspflicht! Wer gegen den Erlass des Kaisers verstößt, wird bestraft.

MIRIAM: Aber wir wollten doch gerade zurückgehen.

SOLDAT: So, so! Na, da will ich euch das mal ausnahmsweise glauben! Jetzt aber kommt mit mir. Eure Eltern werden sich schon Sorgen machen.

Lied: »Ihr Kinderlein, kommet«

(Die Uhr schlägt vier.)

5. Szene

Requisite: das Wirtshaus »Tobias' Herberge« – auf Karton gemalt und geschrieben

SOLDAT: Merkwürdig! Je näher wir nach Bethlehem kommen, desto heller wird es. Der Stern da oben hat eine ungewöhnliche Kraft.

(Sie gehen noch ein Stück weiter.)

Da drüben! Seht ihr das, Kinder? Es scheint, als würde der Stern da stehen bleiben und besonders hell erstrahlen. Wo ist das nur?

MIRIAM: Schau mal, Andreas! Ich glaube, er steht über der Herberge von Onkel Tobias.

ANDREAS: Zumindest steht er ganz in der Nähe. *(Er kneift die Augen zu.)* Er blendet richtig, wenn man genau hinsieht.

SOLDAT: So, so! Euer Onkel wohnt dort. Das trifft sich ja gut. Dann werde ich mit euch erst einmal dort hingehen und sehen, was da los ist.

(Sie kommen näher an die Herberge. Miriam zeigt zum Stall.)

MIRIAM: Jetzt sehe ichs genau. Der Stern steht direkt über dem Stall von Onkel Tobias.

SOLDAT: Da werde ich gleich einmal hingehen. Erst einmal aber klopfe ich bei eurem Onkel.

(Er klopft an die Herbergstür.)

TOBIAS: *(hinter der Tür)*
Wir haben kein Zimmer mehr frei.

SOLDAT: Wir brauchen kein Zimmer. Machen Sie bitte auf!

(Onkel Tobias öffnet die Tür.)

TOBIAS: Nanu! Andreas und Miriam? Wo kommt ihr denn her – mitten in der Nacht? Habt ihr was ausgefressen?

SOLDAT: Ich habe die zwei Ausreißer vorhin erwischt und will sie ihren Eltern zurückbringen. Aber weil bei Ihnen so Merkwürdiges geschieht, bin ich erst mal hierher gekommen. Vielleicht können Sie mir erklären, was in Ihrem Stall los ist?

TOBIAS: In meinem Stall? Wieso? – Da habe ich vorhin ein junges Paar untergebracht. Die Frau ist schwanger, und ich hatte kein Zimmer mehr frei. Da habe ich meinen Stall zur Verfügung gestellt. – Ist das verboten?

SOLDAT: Das nicht. Aber schauen Sie selber, was da los ist!

(Tobias schaut zum Stall hin.)

TOBIAS: Das gibts doch nicht. Was ist denn das? Wieso ist denn der Stall erleuchtet? Und was für Stimmen und Geräusche höre ich da

(Er geht ärgerlich zum Stall, gefolgt von dem Soldaten und den Kindern. Die Hirten, die alte Frau und der Händler machen Onkel Tobias, dem Soldaten und den Kindern Platz, so dass sie Maria, Josef und die Krippe zu sehen bekommen.)

Ich kanns nicht fassen! Eine Geburt in meinem Stall!
Und wieso ist es hier so hell?
Und warum sind hier so viele Leute?

1. HIRTE: *(geht auf Tobias zu und reicht ihm die Hand)*
Ich gratuliere Ihnen. Heute ist in Ihrem Stall der Messias geboren.

2. HIRTE: Wie glücklich müssen Sie sein, solche Menschen zu beherbergen.

Tobias: *(erstaunt zu Maria und Josef)*
Wer seid Ihr?

Maria: Ich bin Maria von Nazareth. Vor neun Monaten ist mir ein Engel erschienen. Er sagte, ich würde einen Sohn gebären. Jesus soll ich ihn nennen. Und er wird der Messias sein, Gottes Sohn. Wegen der Volkszählung mussten wir dann hierher nach Bethlehem. Merkwürdig, in den alten Schriften steht, dass der Messias aus Bethlehem, der Stadt Davids, kommen wird.

3. Hirte: Ein Engel, sagst du? – Das war bestimmt derselbe Engel, der auch uns erschien. Er hat uns hierher nach Bethlehem geschickt.

4. Hirte: Und ein besonderer Stern hat uns den Weg zu diesem Stall gezeigt.

Tobias: Ein Stern – den Weg zu meinem Stall? In meinem Stall soll der Messias geboren sein? Ich kanns nicht begreifen! Warum in dieser Armut? Diesem Schmutz?

Josef: Weil er der Retter der Armen ist – der Retter der Verzweifelten – der Retter von allen, die nicht wissen, wie sie weiterleben sollen.

Maria: Er ist Gottes Sohn. Und eines Tages wird er uns zeigen, dass Gott alle Menschen liebt. Er wird dafür sorgen, dass Liebe und Frieden auf der Welt wachsen.

Josef: Er wird uns zeigen, wie der Glaube Berge versetzen kann. Und er wird uns lehren, dass die Liebe zu allem, was lebt, stärker ist als aller Reichtum, alle Macht auf Erden.

Tobias: Ich wünschte mir, ich könnte glauben, dass dieses Kind das alles vermag!

Miriam: Ich glaube es. Erst der Stern und dann das Kind – das kann nur Gutes bedeuten in dieser Nacht.
(wendet sich an Onkel Tobias)
Und so fasse ich mir jetzt ein Herz und bitte dich, Onkel Tobias: Bitte, bitte lass nicht zu, dass wir verkauft werden! Vater und Mutter können die Schulden nicht bezahlen. Und du bist der Einzige, der uns helfen kann. Es kann doch nicht Gottes Wille sein, dass unsere Familie auseinander gerissen wird.

Tobias: Wie? Seid ihr deshalb von zu Hause ausgerissen? Weil ihr Angst habt, wegen der Schulden eurer Eltern als Sklaven verkauft zu werden?

Andreas: Ja, Onkel Tobias. – Jetzt bist du uns sicher böse.

Tobias: Ihr armen Kinder! Was müsst ihr durchgemacht haben! – Ich verspreche euch, dass ich euch helfen werde.

Kinder: Danke, Onkel, danke!

Alte Frau: *(spricht zum Händler)*
Dass ich das hier erleben darf! In meinem Alter! Erst dachte ich, ich würde den weiten Weg nicht schaffen. Die Kräfte verließen mich. Doch auf einmal zog mich etwas magisch an. Der Stern, das Licht. – Und jetzt dieses Kind! Dass ich das noch erleben darf!

Händler: Ja. Ich bin so froh wie du! Ich wünsche mir, dass viele Menschen dieses Wunder sehen dürfen. Alle sollen davon erfahren. Nie wieder soll diese Nacht vergessen werden!

1. Hirte: Nein, nie wieder! In Tausenden von Jahren soll man noch davon sprechen.

2. Hirte: Auch wenn der Stern schon längst erloschen ist, soll das Licht der Liebe Gottes weiter scheinen …

3. Hirte: … in die Herzen aller Armen und Verzweifelten,

4. Hirte: … in die Herzen aller Trauernden und Leidenden,

Alte Frau: … in die Herzen aller Alten, Kranken und Gebrechlichen,

Soldat: … in die Herzen aller Kriegstreiber und Tyrannen,

Händler: … in die Herzen aller Selbstsüchtigen und Egoisten,

Tobias: … in die Herzen aller Geldgierigen und Kaufsüchtigen,

Kinder: … in die Herzen aller Kinder.

Miriam: Denn das Vertrauen in die Liebe Gottes
erhellt die Welt *(deutet auf den Stern)* wie dieser Stern!
Darum, ihr Menschen, glaubt dem Herrn!

(Die Uhr schlägt fünf.)

Lied: »Stern über Bethlehem«

Ein himmlischer Streich

Personen: Engel Gabriel, zwei weitere Engel, vier Kinder, zwei Hirten, Maria und Josef, drei Wirte
Requisiten: ein Stall, eine Krippe, Spielzeug (Playmobil, Lego, Puppe, Puppenkleidung, Puppendecke, Kassettenrekorder, Fußball, (Papp-) Computer, (Papp-)Fernseher, Bücher – Schilder: »Bethlehem« und ein Schild mit dem Namen der Stadt, in der das Stück aufgeführt wird, drei Wirtshausschilder
Dauer: ca. 20 Minuten

1. Szene

Lied der Engel: »Ja, wir Engel sind hier und da«
(siehe: Lieder zu den Weihnachtsspielen S. 130)

GABRIEL: *(tritt mit zwei anderen Engeln nach vorne. Sie verbeugen sich.)*
Guten Abend, ihr lieben Leute
Wir grüßen euch von Herzen heute!
Gabriel – so ist mein Name.
Sie sehen: Ich bin weder Herr noch Dame,
bin ein Engel wie die, die mich begleiten
(deutet auf die beiden Engel neben sich)
und mir helfen, Christus den Weg zu bereiten.

1. ENGEL: Wir wollen Gottes Botschaft verkünden.
Vergangenheit mit Gegenwart verbinden.
Wir zeigen den Menschen ferne und nah:
Weihnachten ist immer da,
zu jeder Zeit und überall,
nicht nur vor zweitausend Jahren im Stall:

2. ENGEL: wo Menschen einander lieben und vertrauen,
wo sie nicht nur auf ihre Stärke bauen,
wo Geld und Reichtum sie nicht blenden,
wo sie ihr Leben nicht sinnlos verschwenden.

1. Engel: Denkt daran, ihr lieben Leute:
Weihnachten ist heute!
Und wenn ihr nachher unterm Tannenbaum
einander beschenkt im festlichen Raum,
so wisst: Geschenke können vergehen,
aber die Liebe, die bleibt bestehen.

2. Engel: Viel wichtiger als ein Geschenkpaket
ist die Liebe, die dahinter steht.
Ach, könntet ihr Menschen einander mehr lieben,
wie viel Krieg wäre euch schon erspart geblieben,
wie viel Hunger, wie viel Leiden und Not!

Gabriel: Drum sagen wir: Glaubt an euren Gott,
den Gott der Liebe, der Gerechtigkeit,
des Friedens – auch in unsrer Zeit.

(Engel tanzen und singen wieder: »Ja, wir Engel sind hier und da«, siehe: Lieder zu den Weihnachtsspielen, S. 130.
Während des letzten Verses nähern sich kichernd und miteinander redend Kinder.)

1. Engel: *(hält eine Hand ans Ohr)*
Horcht! Da kommt doch jemand.

2. Engel: *(reckt sich und schaut in die Richtung der Kinder)*
Ich sehe Kinder! ... Kinder!
(Name der Stadt, des Stadtteils oder der Straße, z.B. Wiesbadener Kinder oder Kinder aus der Mozartstraße)

Gabriel: *(Zu den Engeln)* Kommt! Folgt mir nach Bethlehem! Von dort aus wollen wir den Kindern einen Streich spielen.

1. Engel: Einen Streich? Dürfen Engel einen Streich spielen?

2. Engel: Sicher meint er einen himmlischen Streich, einen, der Menschen zum Nachdenken bringt.

1. Engel: Und was ist das für ein Streich?

Gabriel: Macht schnell. Das erklär' ich euch unterwegs.

(Die Engel »fliegen« miteinander tuschelnd zum Stall nach Bethlehem. Gabriel versteckt sich hinter der Kanzel, die anderen hinter dem Stall.)

2. Szene

Requisiten: Spielsachen, die sich die Kinder wünschen, z.B. ein Playmobilkasten, ein Legokasten, eine Baby-Born-Puppe, Puppendecke, Puppenkleider, Fernseher, Bücher, Fußball, Computer. Sie sind entweder im Raum verteilt oder liegen hinter dem Stall.

(Vier Kinder sind nun da, wo die Engel vorher waren, und unterhalten sich laut.)

1. KIND: Endlich Heiligabend. Freut ihr euch auch so?

2. KIND: Klar, Mensch! – Was ich mir alles gewünscht habe! Eine Baby-born-Puppe und Puppenkleider. Und von meiner Oma den Playmobil-Bauernhof.

3. KIND: Playmobil ist doof. Ich spiele lieber mit Lego!

4. KIND: Lego! Krieg ich leider nicht, weil ich einen Fernseher bekomme. Das ist genug, meint meine Mutter.

2. KIND: Vielleicht bekomm' ich auch 'ne Anlage mit CD-Player und Kassettendeck.

3. KIND: Ich krieg' 'nen Fußball. Bin nämlich im Fußball-Verein. Außerdem viele Bücher. Mein Vater sagt, ich soll einmal studieren. Deshalb soll ich viel lesen.

1. KIND: Lesen? Darauf hab' ich nie Bock!

4. KIND: Was wünschst du dir denn zu Weihnachten?

1. KIND: Ich will 'nen PC, wie ihn der Andi hat. Ich glaub', mein Vater hat ihn mir gekauft. Mit 'ner 40 Gigabyte-Festplatte und Internetanschluss.

ALLE: Hast du's gut!

(Während die Kinder ihre Wünsche äußern, legen die Engel das, was sich die Kinder wünschen, in den Stall. Während die Kinder »Hast du's gut!« rufen, wird es auf einmal ganz dunkel. Nur der Engel Gabriel, der auf der Kanzel erscheint, wird angestrahlt. Die Kinder halten erschrocken die Hände vor die Augen. Zwei sinken zu Boden. Ängstlich schauen sie den Engel an, während er spricht.)

GABRIEL: Fürchtet euch nicht, sondern freuet euch!
Eine frohe Botschaft euch heute erreicht!
Denn euch ist heute der Heiland geboren,
von Gott zum Retter der Welt auserkoren.
Dem hellen Stern müsst ihr nachgehn.
Der führt euch direkt nach Bethlehem.

Seht ihr ihn oben im weiten All?
In Bethlehem scheint er in einen Stall,
damit dort heut' ein jeder find'
in der Krippe, im Stroh, das Gotteskind.
Der Weg ist weit und doch so nah.
Diese Nacht ist heilig und wunderbar.
Was weit ist, ist nah, und was nah ist, weit.
Geht nur! Hirten geben euch ihr Geleit!

1. KIND: Habt ihr das gehört?

2. KIND: Ein Engel hat zu uns gesprochen.

3. KIND: Engel? – Engel gab's vielleicht früher mal.

4. KIND: Aber er hat **jetzt** zu uns gesprochen; gerade eben – als würde er uns **heute** die frohe Botschaft verkünden von der Geburt Jesu in Nazareth.

3. KIND: In Bethlehem, du Dummkopf!

2. KIND: *(schwärmend)* Es war wie damals bei den Hirten auf dem Feld. So etwas würde ich auch gern mal erleben wie die Hirten in der Heiligen Nacht!

(Währenddessen nähern sich zwei Hirten.)

1. HIRTE: Aber das habt ihr doch eben erlebt!

1. KIND: Nanu! Wer seid **ihr** denn?

2. KIND: Ihr seht aber altmodisch aus.

2. HIRTE: Wir sind die Hirten von Bethlehem.

3. KIND: Nein! *(zum 4. Kind)* Du, zwick mich mal! Wach ich oder träum ich?

(4. Kind zwickt 3. Kind in den Arm) Aua! – Nein, ich träume bestimmt nicht!

1. HIRTE: Nein, ihr träumt nicht. Dies ist eine Nacht voller Wunder. Heute wird Gegenwart, was eigentlich Vergangenheit ist.

4. KIND: Wie kann das sein?

2. HIRTE: Das ist ein Geheimnis. Ein großes Geheimnis. Ein Geheimnis wie die Liebe Gottes, die ohne Zeit und Grenzen ist.

Aber nun kommt mit. Wir wollen nach Bethlehem gehen!

(Die Kinder ziehen zusammen mit den Hirten ab. Dabei singen sie mit der Gemeinde: »Ihr Kinderlein, kommet«. Währenddessen hängt jemand die Wirtshausschilder für die 3. Szene auf.)

3. Szene

Requisiten: Wirtshaus (Es reicht ein Papphaus oder nur eine Pappfront, die irgendwo angelehnt wird.) Dahinter verstecken sich die Wirte.

GABRIEL: Jetzt werdet ihr staunen, ihr lieben Leute.
Das ist ja wie im Märchen heute!
Gestern und Heute sind ganz verschwommen.
Maria und Josef sind nach Bethlehem gekommen.
Wird es so sein wie es damals war,
als das Wunder der Heiligen Nacht geschah?
Werden die Menschen Gottes Liebe spüren
oder wieder verriegeln die Türen?
(Engel tritt ab. Maria und Josef erscheinen. Josef deutet auf das Schild »Bethlehem«.)

MARIA: Ach, hier ist es ja! Ich erkenne es genau wieder.

JOSEF: Ja, hier ist Bethlehem, meine Geburtsstadt. In unserer Geburtsstadt sollten wir uns einfinden, hatte der Kaiser Augustus damals gesagt. – Du, da ist ja auch das Gasthaus, an dem ich angeklopft hatte.

MARIA: Versuchs doch mal. Klopfe wieder an. Ob der Wirt heute auch so hartherzig ist wie damals?

JOSEF: Bestimmt nicht, wo doch alle Leute heute Abend Weihnachten feiern und hier sogar ein Weihnachtsbaum steht zur Erinnerung an die Heilige Nacht.
(Josef klopft an. Der Wirt tritt hervor.)
Habt ihr nicht eine Herberge für uns? Meine Frau ist schwanger und ...

1. WIRT: Na, erlauben Sie mal! Heute ist Weihnachten! Hier ist alles voll von Touristen, die ihren Weihnachtsurlaub in Bethlehem verleben. Da hätten Sie rechtzeitig ein Zimmer buchen müssen!
(tut so, als würde er die Tür zuwerfen)

MARIA: Buchen? Was soll denn das bedeuten? – Na, versuchen wir's im nächsten Gasthaus.

JOSEF: *(geht mit Maria einmal im Raum herum und klopft wieder an.)*
Entschuldigen Sie, bitte! Wir kommen von weit her und suchen dringend ein Zimmer für die Nacht.

2. Wirt: *(schaut beide von oben bis unten verächtlich an)*
Sie haben wohl nicht alle Tassen im Schrank! Ein Zimmer wollen Sie haben? Gehen Sie doch zum Sozialamt. Sollen die Ihnen weiterhelfen! Hat allerdings über Weihnachten geschlossen.
Oder zum Obdachlosenheim. Doch wahrscheinlich ist das zur Zeit total überfüllt.
Bei mir jedenfalls gibts nichts für Leute wie Sie. Bei mir verkehrt nur vornehmes Publikum.
(schlägt die Tür zu)

Josef: *(ärgerlich)* Sozialamt! Obdachlosenheim! Was soll denn das? Wir brauchen kein Amt, kein Heim! Wir brauchen einen Menschen, der uns hilft.
(gehen wieder einmal herum)

Maria: Versuchs doch mal dort *(zeigt auf das Gasthaus)* Es ist zwar alles hier ganz anders geworden. Doch ich glaube, hier hatten wir damals den Stall bekommen.

Josef: *(klopft an)*
Bitte, wir brauchen dringend ein Zimmer. Sehen Sie, meine Frau erwartet ein Kind. Es ist höchste Zeit, dass wir unterkommen.

Maria: Bitte! Heute ist doch Weihnachten!

3. Wirt: Hahaha! Jetzt behauptet nur noch, ihr seid Maria und Josef. Passt gerade so in die Zeit, was? Ha,ha!– Nein, nein, bedauere, alles ausgebucht! *(schaut auf Maria)*
Oder wollen Sie vielleicht einen Stall? – Warum eigentlich nicht? Wie damals bei Maria und Josef. Haha! Ha, ha! – Draußen hab' ich noch so 'nen alten Holzstall, keine 2000 Jahre alt, haha. Aber immerhin: 'ne alte Krippe steht da auch noch rum. Nur Tiere sind nicht mehr da. Aber ich hab' da so 'nen alten Kartoffelsack. Den können Sie in die Krippe legen. Gehen Sie nur. Das gehts lang.
(zeigt in Richtung Stall. Maria und Josef gehen los.)
Hahaha. Maria und Josef im Jahr 2002 (?)! Sachen gibts, die gibts gar nicht! *(tut so, als würde er die Tür schließen – Maria und Josef gehen zum Stall und schauen hinein.)*

Maria: O weh! Der ist ja voller Sachen!

Josef: Setz dich hierher, Maria. Ich räume schnell alles raus.

Maria: Nein, Josef, das dauert zu lange. Ich spür' auf einmal unser Baby so sehr. Ich glaube, es will mit Macht zur Welt.

Josef: Dann lass uns hinter den Stall gehen. Dort sind wir wenigstens geschützt vor dem Wind und vor den Touristen, von denen es hier in Bethlehem ja nur so wimmelt.

(Maria und Josef verschwinden hinter dem Stall.)

Lied: »Stern über Bethlehem«

4. Szene

Kassette oder CD mit meditativer Musik

(Die Kinder kommen mit den Hirten zum Stall.)

1. Hirte: Seht, da ist der Stall.

2. Hirte: Ja. Der Stern steht genau darüber.

1. Hirte: Aber wie kann das sein? Da ist ja niemand drin – nur lauter Gerümpel. *(Die Kinder stürzen sich auf die Sachen und fangen an, sie auszuräumen.)*

1. Kind: *(begeistert)* Spielzeug! Seht nur her! *(zeigt einen Fußball hoch. Das 4. Kind nimmt ihm den Ball ab.)*

2. Kind: Eine Puppe! Genau so eine hab' ich mir gewünscht! *(hält die Puppe hoch)*
Und Puppenkleider. Eine Decke! Und der Playmobil-Bauernhof! Und eine Stereoanlage mit CD-Player!

1. Kind: Und ein PC! Wahnsinn! Mit 'ner 40-Gigabyte-Festplatte.

4. Kind: Ein Fernseher! Und Bücher! Und Legosteine!

3. Kind: *(Versucht die Legokiste dem 4. Kind aus der Hand zu reißen.)*
Gib her! Die hab' ich mir gewünscht!

4. Kind: Aber ich hab' sie gefunden! Ich spiele auch gern mit Legos.

2. Kind: Du dumme Kuh! *(Oder: Du dummer Ochse!)*

4. Kind: *(hebt drohend die Faust)* Du, ich warne dich!
(Der 1. Hirte hält die Streitenden auseinander.)

1. Hirte: Jetzt aber genug, ihr Kinder. Ich denke, ihr wollt das Jesus-Kind sehen und Maria und Josef.

1. Kind: Aber die sind doch gar nicht da!

2. KIND: Außerdem ist das hier viel besser *(zeigt auf die Spielsachen)* *(In diesem Augenblick wird es wieder dunkel. Die Kinder lassen vor Schreck das Spielzeug fallen, das sie in den Händen halten. Der Engel Gabriel erscheint auf der Kanzel. Nur er wird beleuchtet.)*

GABRIEL: Habt ihr so schnell meine Botschaft vergessen?
Könnt ihr die Bedeutung nicht ermessen,
die sie für euch und alle Menschen hat?
Gottes Sohn wurde geboren in dieser Stadt.
Doch vor lauter Playmobil, Puppe, Fernseher, Ball
kamen Maria und Josef nicht mal in den Stall.
Für das größte Geschenk war kein Platz mehr da.
Maria draußen ihren Sohn gebar.
Nicht mal in der Krippe kann Jesus liegen.
Maria muss ihn in den Armen wiegen.
(Es ertönt plötzlich leise Meditationsmusik. Dabei spricht der Engel langsam und eindringlich:) Schließt jetzt eure Augen, Kinder!
Kommt ganz zur Ruh', *(Kinder schließen die Augen.)*
damit ihr es spürt, du und du, du und du,
(zeigt auf jedes einzelne Kind)
welche Liebe, welchen Frieden Christus euch bringt! -
Horcht, welch sanfte Musik die Welt durchdringt!
(Musik lauter machen – Es entsteht eine kleine Pause, bis die Musik wieder sanft abklingt und leise weiter ertönt, während Gabriel wieder spricht.)
Habt ihrs gespürt? Habt ihrs deutlich vernommen?
(rufend) Der Heiland ist heute zur Welt gekommen!
(Die Musik klingt langsam ganz aus, während das Licht wieder hell wird. Die Kinder öffnen die Augen. Maria und Josef kommen hinter dem Stall hervor, Maria mit dem Kind auf dem Arm. Sie lächelt.)

4. KIND: Da sind sie ja! Maria, Josef und das Jesuskind!

1. KIND: O, wir müssen Platz machen im Stall.
(Die Kinder räumen das Spielzeug beiseite.
2. Kind stellt die Krippe ordentlich auf.
3. Kind nimmt Maria das Baby ab und legt es in die Krippe.
4. Kind deckt es mit einer Puppendecke zu.)

2. KIND: *(über die Krippe gebeugt)* Jetzt merke ich, dass du das größte Geschenk bist, das es je auf Erden gab!

3. Kind: Jesus ist ja auch ein Geschenk Gottes.

1. Kind: *(kramt ein Spielzeug hervor und legt es in die Krippe)* Da, das schenke ich dir.

4. Kind: *(holt einen Puppenpullover)* Und da, ein Pullover, damit du nicht frierst.

Maria: Danke, ihr lieben Kinder! Wir dachten schon, die Welt sei noch härter und kälter geworden als damals vor 2000 Jahren. Aber jetzt merke ich: Es gibt doch noch Liebe unter den Menschen.

(In diesem Augenblick erscheint der 3. Wirt.)

3. Wirt: *(ärgerlich)* Nein, das geht aber zu weit. Hier, auf meinem Grundstück, solch einen Lärm zu machen! Sie vertreiben ja meine Gäste!

2. Kind: Aber Herr Wirt! Heute ist doch Weihnachten! Richtig Weihnachten! Sehen Sie nicht den Stern über Ihrem Stall?

1. Kind: *(schaut nach oben)* Ein Stern? – Direkt über meinem Stall? – Also doch Maria und Josef? Und das ist Ihr Kind?
(deutet auf die Krippe und wird auf einmal ganz freundlich)
Aber hier können Sie doch nicht bleiben, Frau Maria und Herr Josef! Kommen Sie mit in meine Herberge! Da ist es wenigstens warm und Sie haben ein Bett. Mein Koch macht Ihnen etwas Gutes zu essen.

Josef: Aber Sie sagten doch, Sie hätten keinen Platz in der Herberge!

3. Wirt: Für so berühmte Leute wie Sie habe ich immer Platz. Ich gebe Ihnen mein schönstes Zimmer – erster Klasse – mit einer eigenen Nasszelle und einem Kinderbettchen direkt neben der Mama und ...

Maria: *(fällt ihm ins Wort)* Nein, wir bleiben hier im Stall! So wie es damals war. Wir haben ja nun eine Decke für Jesus und sogar etwas zum Anziehen.

Josef: Aber nehmen Sie doch die Kinder und die zwei Hirten mit. Die haben einen weiten Weg hinter sich und sind sicher sehr müde.

3. Wirt: Die Kinder? Die Hirten? –
Na, meinetwegen. Kommt!
(ziehen zusammen ab)

5. Szene

GABRIEL: So, liebe Leute,
das wars für heute.
Wir hoffen, Ihr konntet alles verstehen
und auch deutlich sehen,
was wir euch zeigen wollten.
Denn unsere Botschaft hat **Euch** gegolten.

1. ENGEL: Habt Ihr für Christus Platz in Euren Herzen?
Leuchten Eure Weihnachtskerzen,
weil Ihr ihm Raum gebt, seiner Liebe?

2. ENGEL: Merkt Ihr, wie in der Welt Getriebe
Wärme und Liebe eurem Leben
einen tieferen Sinn stets geben
als aller Reichtum, alle Macht auf Erden?

GABRIEL: Na, dann kann es ja Weihnachten werden!

Lied der Engel: »Ja, wir Engel sind hier und da«

*(siehe: Lieder zu den Weihnachtsspielen S. 130.
Während der 1. Strophe fassen sie einander an den Händen tanzen im Kreis.
Bei der 2. Strophe bilden sie mit den übrigen Mitspielern eine Schlange und ziehen singend aus.)*

Das Weihnachtsspiel

Ein Spiel in fünf Szenen

Personen: die beiden Kinder Dieter und Anne, Mutter, Vater, Oma Wendte, eine Nachbarin, Clown, Publikum, drei Hirten, Engel, mehrere kleine Engel, einige Personen als Zuschauer, Andreas, der Wirt, Spielleiter, Maria und Josef, Erzähler und eine geheimnisvolle Stimme (von Kassette)
Requisite für die dritte Szene: vorne ein Weihnachtsbaum
Dauer: ca. 25 Minuten

1. Szene: Das Spiel beginnt

Requisiten: Ein Tischchen mit einem Computer; Kassettenrekorder und Kassette mit Kriegsgeräuschen (von einem Computerspiel), dem Lied: »Süßer die Glocken nie klingen«, und daran anschließend gesprochener Text der »geheimnisvollen Stimme«. Ein Koffer, darin: Buch, Kerze, Spielzeugclown, Kissen, Gong für die Rathausuhr.

ERZÄHLER: Es ist Heiligabend – mittags, ein Uhr. Der Himmel ist von grauen Wolken bedeckt. Im Haus ist es fast so dunkel wie am Abend. Wie gebannt sitzen Anne und Dieter in ihrem Zimmer vor dem Computer.
(Nun hört man die Kampfgeräusche eines Computer-Kriegsspiels auf Kassette.)

ANNE: Getroffen! *(Pause)* Da! Wieder!
(Anne klatscht begeistert in die Hände.
Auf einmal hören die Geräusche auf. Stattdessen ertönt ein Weihnachtslied: »Süßer die Glocken nie klingen ...«)

ANNE: Was hast du denn jetzt gemacht?

DIETER: Ich weiß auch nicht. War auf einmal weg.

ERZÄHLER: Ratlos fängt Dieter an, auf der Tastatur herumzutippen. Da – plötzlich hört das Weihnachtslied auf, und es ertönt von irgendwoher eine Stimme:

STIMME: Weihnachten, die Waffen schweigen.
Weihnachten – ein Kind kommt zur Welt.
Gott will seinen Frieden zeigen.
Christus er ins Leben stellt.

DIETER: Mist! Was is'n das für'n Spiel? Ist das Ding kaputt?

ANNE: Lass mich mal! *(Sie rüttelt am Computer. Da wird die Stimme noch lauter.)*

STIMME: Wie das Kindlein in dem Stalle,
das den Frieden nötig braucht,
brauchen wir als Menschen alle
Frieden, Frieden, Frieden auch.
(Während der ersten beiden Zeilen drücken Dieter und Anna auf der Tastatur herum und rütteln am Computer. Dann halten sie sich die Ohren zu.)

KINDER: Aufhören! Aufhören! *(Es wird auf einmal ganz hell.)*

STIMME: Wisst ihr nicht, dass an Weihnachten überall auf der Welt die Waffen schweigen? *(Die Kinder schauen sich um. Woher kommt diese Stimme? Sie können nichts sehen.)*

DIETER: Spielverderber! Gib uns unser Computerspiel wieder. Sonst wollen wir gar nicht Weihnachten feiern.

STIMME: Ich habe aber ein viel besseres Spiel für euch!

ANNE: Ein besseres? Was denn für eins?

STIMME: Das Weihnachtsspiel!

ANNE: Pah! Das Weihnachtsspiel! Wie langweilig! Das kennt ja jedes Kind. Maria und Josef kommen in einen Stall. Und dann wird Jesus geboren. Und die Hirten beten ihn an, weil er von Gott kommt.

DIETER: Und später kommen noch die drei Könige. Die bringen dem Kind Geschenke. Wie langweilig!

STIMME: Gar nicht langweilig. Ihr müsst euch nur darauf einlassen. Dann werdet ihr sehen, wie spannend das ist – spannend wie im richtigen Leben.

ANNE: Na gut! *(Sie stößt Dieter an, damit er zustimmt. Dieter nickt.)* Dann spielen wir halt mit. – Was müssen wir tun?

STIMME: Macht erst den Computer aus!

DIETER: *(schaltet den Computer aus, während er laut sagt)* Also kein Computerspiel.

STIMME: Nein, ein Wegespiel! Ziel des Spiels ist es, nach Bethlehem zu kommen. Holt euch nun eure Spielchips!

ANNE: Spielchips? Was denn für Spielchips?

STIMME: Schaut in den Koffer auf eurem Kleiderschrank!

Dieter: Den habe ich schon seit zwei Jahren nicht angerührt.
(Die Kinder öffnen den Koffer und holen nacheinander verschiedene Sachen heraus.)

Anne: Eine Kerze.

Dieter: Ein Buch! *(liest den Titel vor)*
»Denn euch ist ein Kind geboren. – Ein Buch für Eltern.«
Komisch, das hab' ich noch nie gesehen.

Anne: Ein Spielzeugclown. – Ein Kissen. *(schüttelt den Kopf)*
Merkwürdige Spielchips.

Dieter: *(Beide packen die Sachen wieder ein und machen den Koffer zu.)*
Ob Mama die Sachen da reingetan hat?
(fragt laut ins Zimmer hinein) Und nun?

Stimme: Nehmt euren Koffer und geht, wenn die Uhr zwei schlägt. Bis heute Abend um fünf müsst ihr zu Hause sein und alle Spielchips verbraucht haben. Und überlegt euch gut, wo ihr eure Spielchips einsetzt.

Anne: Wohin sollen wir denn gehen?

Stimme: Durch Licht und Dunkel, durch Freud' und Leid,
das Leben spiegelt sich in der Weihnachtszeit.

Erzähler: In diesem Augenblick hört man die Rathausuhr zweimal schlagen. *(Eine Uhr schlägt zweimal.)* Die Kinder treten aus dem Zimmer. Erschrocken bleiben sie stehen. Ihre Eltern sind gerade dabei, heftig zu streiten.

Mutter: Du kümmerst dich doch gar nicht um die Kinder. Die ganze Erziehung hängt an mir!

Vater: Erziehung nennst du das? Dass ich nicht lache. Die Kinder dürfen bei dir doch machen, was sie wollen.

Mutter: Du kannst das gar nicht beurteilen. Du hast ja nie Zeit.

Vater: Jetzt reichts aber. Jeden Abend, wenn ich aus dem Büro komme, kümmere ich mich um Anne und Dieter.
Wer schaut denn immer die Hausaufgaben nach?

Kinder: Mama! Papa!

Anne: Ich will nicht, dass ihr euch streitet. Schon gar nicht wegen uns!

Stimme: Weihnachten – der Streit wird beendet.
Weihnachten – ein Kind wird geborn.
Gott will, dass einer zum andern sich wendet.

Wer Feindschaft sät, hat das Spiel verlorn.
Wie das Kindlein in dem Stalle,
das die Lieb' der Eltern braucht,
brauchen wir als Menschen alle
Liebe, Liebe, Liebe auch.
(Mutter und Vater blicken sich erstaunt um.)

MUTTER: *(zu Anna)* Warst du das?

ANNE: Nein. Das war ... hmmmh – ich weiß auch nicht, wer das war.
(Die Eltern schütteln verwundert den Kopf.)

DIETER: Wir machen gerade ein Spiel, und deshalb gehen wir noch ein wenig fort.

VATER: Ein Spiel? Ach, dafür braucht ihr den alten Koffer?

ANNE: *(während sie in dem Koffer rumkramt) Ja ...*
Und ihr bekommt unseren ersten Spieleinsatz.
(Sie holt aus dem Koffer das Buch heraus und reicht es ihrer Mutter.)

MUTTER: *(nimmt das Buch und liest)*
»Denn euch ist ein Kind geboren. – Ein Buch für Eltern.«
Das kenn' ich doch! Das hat mir damals Tante Else zu Dieters Geburt geschenkt.
(Sie schlägt die erste Seite auf und liest:)
Kinderhände – wir halten euch fest.
Kinderfüße – wir laufen mit euch.
Kinderaugen – wir sehen euch an.
Kindermünder – wir hören euch zu.
Kinderohren – wir reden zu euch,
weil ihr unsere Kinder seid,
ein Geschenk für uns – auf Zeit,
ein Geschenk der Liebe,
zum Lieben uns anvertraut.
Passen wir auf, dass nichts und niemand
uns den Weg zu den Kindern verbaut.
(Sie reicht dem Vater das Buch.)

VATER: Wo habt ihr denn das her?

DIETER: Das ist unser Spielchip.
(Er zwinkert Anne verschwörerisch zu. – Vater schüttelt den Kopf, sagt aber nichts.) Wir müssen nun weiterspielen. Wir haben nur bis heute Abend Zeit.

Mutter: Heute Abend? Ihr wisst – heute ist Weihnachten. Kommt rechtzeitig zurück!

Dieter: Klar! Gegen fünf sind wir hier. Tschüs!

Vater: Spätestens! Ihr müsst euch noch umziehen! Um sechs wollen wir in der Kirche sein. *(schaut auf das Buch, während die Kinder gehen)* Ein Spielchip! Ideen haben die Kinder!

2. Szene: Bei Oma Wendte

Requisiten: drei Sessel um ein Tischchen mit Weihnachtstischdecke, in der Mitte des Tisches ein Schälchen oder ein Weihnachtsteller, eine Tüte mit Weihnachtsplätzchen, Streichhölzer, ein Wecker als Klingel

Erzähler: Oma Wendte sitzt an ihrem Wohnzimmertisch. Traurig denkt sie an alte Zeiten zurück, als an Weihnachten noch Leben im Haus war. Ihr Mann ist vor einem Jahr gestorben, die Kinder schon lange aus dem Haus. Heute hat sie noch mit keinem einzigen Menschen gesprochen.
Da klingelt es an der Tür. *(Es klingelt.)* Oma Wendte steht auf und öffnet. Vor ihr steht ihre Nachbarin mit einer Tüte Plätzchen in der Hand.
(Oma Wendte steht auf und öffnet. Vor ihr steht die Nachbarin.)

Nachbarin: Guten Tag, Oma Wendte. Frohe Weihnachten! *(Sie reicht ihr eine Tüte mit Plätzchen)* Geht es Ihnen nicht gut?

Oma W.: Ach, es ist wegen der Einsamkeit. Aber kommen Sie doch herein!

Nachbarin: Tut mir Leid! Ich habe keine Zeit. Mein Mann wartet. Ich wollte Ihnen nur ein schönes Fest wünschen. Seien Sie mir bitte nicht böse!

Oma W.: Wie sollte ich?! Danke, dass Sie an mich gedacht haben! *(Sie geht traurig ins Wohnzimmer zurück, legt achtlos die Tüte auf den Tisch, setzt sich und lässt ihr Gesicht in ihre Hände sinken.)*

Erzähler: Da kommen Anne und Dieter draußen vor ihrem Haus an. Sie wollen vorbeigehen, aber …

Stimme: Stopp! Hier ist die zweite Station eures Weihnachtsspiels.

Dieter: Was sollen wir denn hier? Hier wohnt doch die Tussi, die immer schimpft, wenn wir vor ihrem Fenster Ball spielen.

ANNE: Sollen wir bei der etwa klingeln? Nein!
(Anne stampft ärgerlich mit dem Fuß auf dem Boden auf.)

STIMME: Spielverderber!

DIETER: Na gut! Dann klingeln wir eben!

ANNE: Halt! Heute Abend ist Weihnachten. Da kommt man nicht mit leeren Händen.

DIETER: Aber wir haben nichts.

ANNE: Doch. Unsere Spielchips.

DIETER: Aah! Jetzt verstehe ich!
(Sie setzen sich auf den Boden und öffnen den Koffer.)

ANNE: Was nehmen wir am besten?

DIETER: Hm. – Vielleicht die Kerze?

ANNE: Ja. Das könnte das Richtige sein! *(Sie schließen den Koffer, und Anne nimmt die Kerze in die Hand, während Dieter klingelt.)*

OMA W.: Nanu, es klingelt ja schon wieder! *(steht auf und öffnet)*

KINDER: Frohe Weihnachten! *(sie geben Oma Wendte die Kerze)*

OMA W.: Ach, Anne und Dieter, die kleinen Rabauken! *(Sie lächelt.)* – Danke! Das ist aber lieb von euch. Kommt nur herein. *(Dieter schaut auf seine Armbanduhr, dann zu Anne. Anne nickt, und sie treten beide ein. Oma Wendte stellt geschäftig die Kerze auf den Tisch, zündet sie an und schüttet die Plätzchen aus der Tüte in das Schälchen.)*

OMA W.: Setzt euch und greift zu! *(Kinder setzen sich)* Wieso kommt ihr ausgerechnet zu mir?

DIETER: Wir machen ein Weihnachtsspiel.

OMA W.: Na, das ist aber eine gute Idee, so ein Weihnachtsspiel. Und gerade jetzt! Wisst ihr, ich war gerade so traurig. *(sie seufzt)* Ich fühle mich oft so einsam.

ANNE: Das tut mir aber Leid.

OMA W.: Eigentlich hatte ich ja vier Kinder. Doch mein ältester Sohn ist im Krieg gefallen. Und eine Tochter ist bei einem Bombenangriff ums Leben gekommen. Sie war noch ganz klein. Seitdem bin ich schrecklich lärmempfindlich. Je älter ich werde, desto schlimmer wird das. Deshalb kann ich auch euer Geschrei nicht ertragen. Ihr müsst schon entschuldigen, dass ich so oft mit euch schimpfe.

DIETER: Wir wussten ja nicht, **warum** sie das stört.

ANNE: Und was ist mit ihren anderen Kindern?

OMA W.: Nun, ich habe noch einen Sohn, der lebt in Amerika. Er ist nicht verheiratet. Und eine Tochter, die wohnt 700 km von hier entfernt. Sie besucht in diesem Jahr Weihnachten mit ihrer Familie ihren Bruder in Amerika. Ich kann leider nicht mit, kann nicht mehr so weit fliegen. Ich bin 83.

DIETER: *(nimmt sich einen Keks)* Die schmecken lecker. Haben Sie die selber gebacken?

OMA W.: Nein. Eine Nachbarin. Ich vertrage kein Gebäck. Esst nur ordentlich. *(Die Kinder essen. Währenddessen betrachtet Oma W. die Kerze.)* Schön, eure Kerze. Sie hat so einen warmen Schein. Da wird mir selber ganz warm ums Herz.

STIMME: Warm wie die Kerze, hell wie ihr Schein,
so soll euer Leben sein.
Feuer gibt dem Kerzenlicht Kraft.
Gott ist wie Feuer, das Liebe schafft.
Heute könnt ihr das erleben:
Gott hat uns seinen Sohn gegeben.

OMA W.: *(schaut Dieter an und lächelt)* Na, du kannst deine Stimme aber toll verstellen. Und ein schönes Gedicht hast du da aufgesagt.

DIETER: *(lächelt Anne verschmitzt an)* Ja, Oma Wendte, nun müssen wir aber gehen! *(Die Kinder stehen auf.)* Ehe wir gehen, singen wir Ihnen aber noch ein Weihnachtslied. Sie dürfen sich eins wünschen.

OMA W.: Dann wünsche ich mir: »Ihr Kinderlein, kommet«.
(Die Orgel stimmt ein, die Kinder und Oma Wendte singen, und die ganze Gemeinde singt mit.)

DIETER: So, nun auf Wiedersehen. Schönen Dank auch für die Plätzchen, und frohe Weihnachten!

OMA W.: Ich danke euch, ihr Kinder. Ihr habt mir eine große Freude gemacht. Frohe Weihnachten! Und kommt bald wieder!

KINDER: Machen wir! *(Die Kinder gehen.)*

ANNE: Und wie geht unser Spiel nun weiter?
(Die Uhr schlägt drei, und da steht vor den Kinder plötzlich ein Mann mit lustiger Kleidung.)

3. Szene: Der Clown

Requisiten: eine Spardose, Geldstücke, eine Pappnase, ein Tannenzweig, ein Clownshut, kleiner Spiegel und Schminkstift

CLOWN: Eine Spende bitte für unseren Zirkus. Es ist Winter. Unsere Tiere hungern. Und wir können nicht auftreten.

DIETER: Hab' nur einen Euro. *(kramt in seiner Hosentasche, holt ein Geldstück raus und wirft es in die Dose)*

CLOWN: Danke!

ANNE: Ist es nicht schlimm, betteln zu müssen?

CLOWN: Freilich ist das schlimm. Viel schlimmer aber ist es, wenn ich nicht auftreten kann. Ich brauche das Publikum wie das tägliche Brot.

ANNE: Was machst du denn im Zirkus? Bist du ein Dompteur?

CLOWN: Dompteur? Sehe ich so aus? – Ich bin der Clown.

DIETER: Ein richtiger Clown?

CLOWN: *(Der Clown stellt die Büchse auf den Boden, holt eine Pappnase aus seiner Hosentasche und setzt sie sich auf die Nase. Er holt einen kleinen Spiegel hervor und schminkt sich etwas. Dann setzt er sich einen Hut auf, der in seinem Genick hängt. Nun verbeugt er sich vor den Kindern mit einer weit ausholenden Armbewegung.)*

Gestatten – ich bin Dappe – einfach Dappe. Hab' 'ne Nase aus Pappe. Damit kann ich rrrrriiiiiechen – wie ein Hund. *(schnuppert in der Luft herum)* Es rrriiiecht so verdächtig nach Weihnachten – findet ihr nicht auch?

(Er läuft schnuppernd in Richtung Weihnachtsbaum, der im Altarraum steht, und riecht an seinen Zweigen.)

Ja. Hier ist Weihnachten. *(er singt)* »O Tannenbaum, o Tannenbaum, wie grün sind deine Blätter.«

(Er »pflückt« sich ein Zweiglein ab und hält es an seine Nase.)

Au! *(Er lässt das Zweiglein fallen, hält sich mit der rechten Hand die Nase und hüpft von einem Bein auf das andere.)*

Au! Au! Das piekt ! Meine Nase! Jetzt kann ich gar nichts mehr riechen! – Oder? *(er schnuppert.)* Doch! Riecht ja immer noch nach Weihnachten! O Tannenbaum, o Tannenbaum, wie grün sind deine *(er stockt)* – Blätter? Habt ihr schon mal Blätter gesehen, die pieken?

(Er bückt sich, um das Zweiglein aufzuheben, aber er traut sich nicht. Immer wieder zuckt er zurück. Endlich tippt er sich mit dem Zeigefinger auf die Stirn. Er strahlt. Offensichtlich hat er eine Idee. Er holt einen Handschuh aus seiner Hosentasche und streift ihn sich über. Nun hebt er das Zweiglein auf, hält es vor sich und singt.)
»O Tannenbaum, o Tannenbaum, wie pieken deine Nadeln. Doch meine Hände spür'n das nicht. Hab' Handschuh' an, die schützen mich! O Tannenbaum, o Tannenbaum, wie grün sind deine Nadeln.«
(Inzwischen haben sich ein paar Menschen eingefunden. Sie lachen und klatschen zusammen mit Anne und Dieter Beifall, während der Clown sich verbeugt und seine Büchse aufhebt. Alle stecken dem Clown nun Geldstücke in die Büchse und gehen – bis auf Anne und Dieter. Als alle gegangen sind, spricht die Stimme wieder.)

STIMME: O wie gut tut es zu lachen.
Gerade in der Weihnachtszeit
will uns Gott ganz fröhlich machen,
will uns nehmen Trauer, Leid,
will, dass wir, so wie ein Clown,
das Leben heiter-froh beschaun.
Ja, vieles, was wir Menschen machen,
können wir getrost belachen.
So frei zu lachen wie ein Kind,
ob wir dazu in der Lage sind?
Denkt daran: Auch Jesus war ein Kind!

CLOWN: *(während er die Pappnase und den Hut abnimmt)*
Recht hat die Stimme, die da spricht.
(Die Kinder setzen sich dabei auf den Boden und holen den Spielzeugclown aus dem Koffer.)

ANNE: *(überreicht dem Clown den Spielzeugclown)* Da. Damit auch du an Weihnachten etwas zum Lachen hast.

CLOWN: *(küsst den Spielzeugclown)* Ich danke euch. Aber mein schönstes Weihnachtsgeschenk ist, dass ich durch euch einen Auftritt und richtiges Publikum hatte.
(Der Clown geht mit seiner Büchse weg. Die Kinder gehen in die andere Richtung weiter. Die Rathausuhr schlägt vier.)

4. Szene: In der Bethlehemkirche

Requisite: »Heiligabend – 18.00 Uhr – Familienchristvesper mit Krippenspiel in der Bethlehemkirche.« als Plakat gut sichtbar aufhängen.

ANNE: Irgendetwas stimmt nicht an unserem Spiel.

DIETER: Wie meinst du das?

ANNE: Na, überleg' doch mal. In einer Stunde müssen wir schon zu Hause sein. Doch das Ziel des Spiels ist es, nach Bethlehem zu kommen.

DIETER: Wo liegt denn überhaupt Bethlehem?
(Nach einem kurzen Schweigen ertönt die Stimme.)

STIMME: Geht nach Bethlehem, ihr Leute,
immer wieder, nicht nur heute.
Ob zu Hause oder in Montreal –
Bethlehem ist überall
da, wo sich das Wunder birgt,
dass Gott auf Erden sichtbar wird.
In Liebe geboren, wachsen und reifen,
das ist das Wunder. Könnt ihr's begreifen?

ANNE: *(ruft laut)* Nein! Nein! Immer sprichst du in Rätseln!

STIMME: (**Echo**) Rätseln! Rätseln! Rätseln! *(Kurzes Schweigen)*

DIETER: Vielleicht verstehe ich doch: Denk nur an Mama und Papa, an Oma Wendte und den Clown. Sie alle durften heute etwas Besonderes erleben. Und alles hatte mit Liebe, Frieden, Freude zu tun.

ANNE: Meinst du, überall, wo man das erleben kann, ist Bethlehem? – Aber schau mal: Hier ist eine Kirche.
(Sie bleiben vor einem Schild stehen. Anne liest) » Heiligabend. – 18.00 Uhr – Familienchristvesper mit Krippenspiel – in der Bethlehemkirche.« – Sollen wir hier reingehen?
(Anne blickt hoch und ruft laut) Du fremde Stimme!
Gib uns doch Antwort!

ERZÄHLER: Die Kinder erhalten keine Antwort. Die Stimme schweigt.

DIETER: *(nach einem kurzen Blick auf seine Armbanduhr)* Logisch müssen wir hier rein. Sonst schaffen wir es nicht, pünktlich zu Hause zu sein.

ERZÄHLER: Sie betreten die Kirche und bleiben hinten stehen. Da sind

offensichtlich gerade einige dabei, das Krippenspiel zu proben, das im Familiengottesdienst aufgeführt werden soll. Ein Stall ist aufgebaut. *(Der Stall, der vorher mit einer Decke zugehängt war, wird aufgedeckt, und die Spieler stellen sich nun in der Reihenfolge der Worte des Erzählers auf)*
Maria und Josef treten auf.
In der Krippe liegt eine Puppe als Jesuskind.
Vorne im Altarraum sitzen drei Hirten auf dem Boden.
Der Spielleiter läuft aufgeregt hin und her.

SPIELLEITER: Der Engel! Wo bleibt der Engel?
(Ein Engel tritt vor. Mit ihm evtl. noch andere Engel)

SPIELLEITER: Du musst bei der Aufführung nachher aber schneller sein.

ENGEL: *(zu den Hirten)* Siehe. Ich verkündige euch eine große Freude, die allem Volke widerfahren wird. Denn euch ist heute der Heiland geboren, welcher ist Christus, der Herr. Darum macht euch auf nach Bethlehem geschwind. Dort werdet ihr ihn finden – ein Kind, in Windeln gewickelt und in einer Krippe.

SPRECHER: *(tritt vor)* Und alsbald waren da die himmlischen Heerscharen, die lobten Gott und sprachen:

ANDERE ENGEL: Ehre sei Gott in der Höhe, und den Menschen ein Wohlgefallen.

SPIELLEITER: An dieser Stelle singt die ganze Gemeinde: »Vom Himmel hoch, da komm ich her.« Singen wir es einmal:
(Die Spieler und die Gemeinde singen »Vom Himmel hoch«, die Engel setzen sich.)

1. HIRTE: Habt ihr das gehört? Ein Engel hat zu uns gesprochen!

2. HIRTE: Ob er wirklich uns gemeint hat? Uns arme Hirten?

3. HIRTE: Natürlich! Gerade uns. Gott will uns eine Freude machen.
(Die Hirten stehen auf.)

SPIELLEITER: *(unterbricht das Spiel, indem er vortritt)* Prima! Genauso muss es nachher klappen! Proben wir nun noch die Schlussszene im Stall. *(klatscht in die Hände)* Alle aufstellen!
(Die Hirten bauen sich nun rechts und links der Krippe auf, die Engel stehen auf beiden Seiten neben dem Stall.)

SPIELLEITER: Wo bleibt Andreas? – Andreas! Du darfst deinen Auftritt nicht verpassen!

(Er entdeckt den Jungen in einer Ecke. Der hat eine Schürze an, schaut weg und schüttelt den Kopf. Der Spielleiter geht auf ihn zu.)
Was ist denn los, Andreas?

ANDREAS: *(Andreas fängt an zu weinen.)*
Ich habe meine Sachen zu Hause vergessen – das Bettzeug.

SPIELLEITER: *(ärgerlich)* Ich hab' dir gestern bei der Probe gleich gesagt: Lass die Sachen hier. Aber nein! Du musstest sie ja mit nach Hause nehmen!

ANDREAS: Kann man die Szene nicht weglassen?
(Während die Szene weitergeht, fangen Anne und Dieter an, miteinander zu tuscheln. Dann öffnen sie den Koffer und holen das Laken und das Kissen heraus.)

SPIELLEITER: Weglassen? Bist du verrückt? Das ist doch der Clou des ganzen Stücks: Aus dem hartherzigen Wirt, der Maria und Josef barsch in den Stall gewiesen hat, wird ein mitleidiger Mann! Er bringt dem Jesuskind eine Bettdecke, damit es nicht friert. – Aber jetzt kannst du ohne Bettzeug spielen. Es ist ja nur eine Probe.

ANDREAS: *(schüttelt den Kopf)* Nein. Ich will nicht.
(In diesem Augenblick kommen Anne und Dieter mit dem Kissen und reichen es dem Spielleiter.)

SPIELLEITER: Ihr seid ja Engel! Woher habt ihr denn das gewusst?

ANNE: Wir machen gerade eine Weihnachtsspiel.

SPIELLEITER: Ein Weihnachtsspiel? Das müsst ihr mir aber nachher erklären. Habt ihr noch ein wenig Zeit?

DIETER: Nein. Wir müssen heim. Aber vielleicht kommen wir später zum Familiengottesdienst. Ihr führt doch dann das Krippenspiel auf, oder?

SPIELLEITER: Ja. Natürlich.

ANNE: Da kommen wir bestimmt. Denn unsere Eltern wollen sowieso an Heiligabend in die Kirche gehen.
Auf Wiedersehen!

SPIELLEITER: Auf Wiedersehen!

ANDREAS: *(reicht den Kindern die Hand)* Und vielen Dank auch!

5. Szene: Das Krippenspiel

Requisiten: jeweils ein Blazer o.Ä. für Anne und Dieter

(Die Rathausuhr schlägt fünf.)

ERZÄHLER: Gerade als die Rathausuhr fünf schlägt, kommen Anne und Dieter heim. Im Kinderzimmer schauen sie in ihr Köfferchen.

DIETER: Wir haben alle Spielchips verbraucht. Und in Bethlehem waren wir auch – wenigstens in der Bethlehemkirche.

ANNE: Schade. Es war ein merkwürdiges Spiel, aber es hat Spaß gemacht. Nur hätte ich so gerne, dass sich die Stimme noch einmal meldet.

DIETER: Jetzt ziehen wir uns erst einmal unsere Weihnachtssachen an. *(Sie ziehen sich an und gehen raus zu ihren Eltern.)*

VATER: Na, seid ihr fertig für die Kirche?

ANNE: Müssen wir in unsere Kirche *(oder Name der Kirche, in der das Stück aufgeführt wird)* gehen? Können wir nicht in die Bethlehemkirche? Dort führen sie ein Krippenspiel auf. Wir haben die Probe vorhin gesehen.

MUTTER: Ist mir egal. Hauptsache, wir haben einen schönen Weihnachtsgottesdienst. Das gehört an Heiligabend dazu.

ERZÄHLER: Also gehen sie zur Bethlehemkirche. Die Kirche wird an diesem Abend proppenvoll. Doch Anne, Dieter und ihre Eltern haben Glück. Der Spielleiter hat ihnen vorsichtshalber ganz vorne vier Plätze reserviert. »Für das Bettzeug«, flüstert er ihnen zu.

(Die Kinder setzen sich mit ihren Eltern vorne in die erste Reihe.)

ERZÄHLER: Nachdem die Gemeinde gesungen und gebetet und der Pfarrer das Weihnachtsevangelium gelesen hat, fängt das Krippenspiel an.

(Alle Krippenspielkinder nehmen wie oben Aufstellung im Stall.)

Gebannt schauen die Kinder zu. Endlich kommt die Schlussszene – der Auftritt von Andreas, dem Wirt. Er trägt das Bettzeug unter dem Arm.

ANDREAS: *(zu Maria und Josef)* Es tut mir Leid, dass ich heute Abend so böse zu euch war. Ich bin halt ziemlich gestresst. Solch einen Betrieb in der Herberge hatte ich noch nie. Alles voll – bis unters Dach. Da hab' ich die Nerven verloren

MARIA: Danke. Schon gut! Wir alle machen Fehler.

ANDREAS: Da – Bettzeug für den Kleinen, damit er nicht friert! *(Er tritt zu der Krippe und deckt das Krippenkind mit dem Kissen zu.)*

JOSEF: Danke. Übrigens: Auch ich war gestern ganz schön gereizt auf dem Weg von Nazareth nach Bethlehem. ›Ungenießbar‹ hat Maria gesagt.

MARIA: Wir sind halt keine Engel. *(Josef legt den Arm um Maria.)*

ANDREAS: *(zu den Hirten)* Und ihr Hirten seid extra hierher gekommen, um das Kind zu besuchen?

1. HIRTE: Um es anzubeten. Es ist ein Gotteskind.

ANDREAS: Ja. Das habt ihr wohl schneller begriffen als ich. Ihr habt sicher alle Hunger. Leider habe ich wirklich keinen Platz in meiner Herberge. Aber ich lasse euch gleich eine warme Suppe bringen und etwas Brot.

ERZÄHLER: Hier endet das Stück. Die Gemeinde will gerade kräftig Beifall klatschen, da ertönt eine Stimme in der Kirche. Dieter und Anne schauen einander erschrocken an. Es ist »ihre« Stimme, die da spricht:

STIMME: Das Spiel ist zu Ende, das Spiel ist aus.
Ihr lieben Leute, geht jetzt nach Haus.
Vergesst nicht: Ein neues Leben hat heute begonnen.
Habt ihrs begriffen, habt ihr schon gewonnen,
damit im Alltag, der bald beginnt,
euch weiter anrührt dieses Kind
und ihr mit ihm wachst an Verständnis und Liebe.
Ach, wenn es doch immer Weihnachten bliebe,
in jedem Lande – überall,
voller Wärme die Welt,
so wie Bethlehems Stall.

Aus der Chronik des Stadtschreibers Jakob von Bethlehem

Personen: Der Stadtschreiber Jakob von Bethlehem, Bürgermeister, die Stadtverordneten Andreas, Tobias, Daniel und Kaleb, ein Fremder, zwei Räuber, Simon und Rahab, vier Hirten, Engel, zwei Polizisten, zwei Frauen: Magda und Miriam, drei Könige, Richter
Dauer: ca. 25 Minuten

1. Szene: Im Sitzungssaal des Rathauses

Requisiten: Auf 5 Stühlen sitzen im Halbkreis – mit Blick zu den Zuschauern – die Stadtverordneten Andreas, Tobias, Daniel, Kaleb und der Bürgermeister. An einem Schreib- oder Lesepult steht der Stadtschreiber Jakob mit einer großen Feder, einem Tintenfass und einer Pergamentrolle.

STADTSCHREIBER: Hallo! Ich bin der Stadtschreiber Jakob von Bethlehem und bin direkt dem Bürgermeister unterstellt. Ich bin für die Chronik der Stadt zuständig und muss genau aufschreiben, was in Bethlehem das Jahr über passiert: Ich muss z.B. über die Obsternte berichten, über den Tod bedeutender Persönlichkeiten, über einen Hausbrand oder was sonst so alles in unserer kleinen Stadt geschieht. Bisher war das nicht viel. Doch zur Zeit, meine Herrschaften, zur Zeit häufen sich die Ereignisse. Hört, was ich in den vergangenen Tagen für unsere Chronik schrieb:
(Er holt die Rolle hervor, rollt sie auf und liest:)
Mittwoch: Heute erreichte uns der Befehl des Römischen Kaisers Augustus: Alle männlichen Bewohner müssen sich unverzüglich mit ihren Familien zu ihren Geburtsorten begeben. In den dortigen Rathäusern wird festgestellt, ob sie ordnungsgemäß in ein Geburtsregister eingetragen sind. Wenn nicht, muss das nachgeholt werden. Der Kaiser will dadurch verhindern, dass es in seinem Reich Menschen gibt, die keine Steuern zahlen.

Wer sich dem Befehl des Kaisers widersetzt, wird mit dem Tode bestraft.

Donnerstag: Unzählige Menschen aus ganz Israel sind gestern aufgebrochen, um dem Befehl des Kaisers Folge zu leisten. Sie haben ihre Häuser, Höfe und Werkstätten verlassen. Auch in Bethlehem rechnen wir mit Hunderten von Zuwanderern.

Freitag: Der Bürgermeister von Bethlehem lädt angesichts der katastrophalen Lage in unserer Stadt heute Abend um 20.00 Uhr zu einer außerordentlichen Stadtverordnetensitzung ein. Außer dem Bürgermeister und den Stadtverordneten Andreas, Tobias, Daniel und Kaleb werden zwei Ordnungshüter anwesend sein.

(Dabei nehmen der Bürgermeister, die Stadtverordneten und die Polizisten der Reihe nach Platz.)

Ich, der Stadtschreiber Jakob, bin natürlich auch dabei. Ich muss das Protokoll schreiben. Schließlich bin ich der Einzige in der Stadt, der richtig schreiben kann. Also, bis später! Die Sitzung fängt gerade an!

(Er rollt die Rolle zusammen und setzt sich schnell mit Papier und Feder an den Sitzungstisch.)

BÜRGERMEISTER: Ich möchte gleich zur Sache kommen, meine Herrschaften. Ich habe Sie zu der Sitzung geladen, weil in unserer Stadt seit dem Erlass des Kaisers chaotische Zustände herrschen.

Punkt 1: Die Zahl der Herbergen reicht nicht mehr aus. Heute mussten 100 Leute abgewiesen werden. Sie werden die Nacht auf der Straße verbringen, darunter Frauen und Kinder.

Punkt 2: Durch die vielen Menschen droht die Verschmutzung unserer Stadt und die Gefahr von Seuchen.

Punkt 3: Die Kaufleute in Bethlehem nutzen die Situation schamlos aus. Sie haben die Preise für Lebensmittel, Decken und Kleider drastisch erhöht.

Punkt 4: Die Kriminalität nimmt zu. Taschendiebe und Räuber treiben ihr Unwesen und verschwinden unerkannt in der Menge.

(Es meldet sich der 1. Stadtverordnete Andreas.)

ANDREAS Ich meine, das Problem ist nur zu lösen, wenn jeder Stadtbewohner ein bis zwei Fremde in seiner Wohnung aufnimmt.

TOBIAS: Aber wie stellen Sie sich das vor, Andreas? Wildfremde Leute?

ANDREAS: In dieser Zeit müssen wir alle Opfer bringen, Tobias.

DANIEL: Ich finde den Vorschlag des Stadtverordneten Andreas gut. Ich bin bereit, meine Wohnung zur Verfügung zu stellen.

TOBIAS: Ich natürlich auch, Daniel. – Aber es gibt viele in unserer Stadt, die wohnen mit ihren Familien in nur **einem** Zimmer. Manche leben sogar mit ihrem Vieh unter einem Dach. Die können wirklich niemand zusätzlich aufnehmen.

BÜRGERMEISTER: Da haben Sie Recht, Tobias. Vielleicht sollten nur **die** jemanden aufzunehmen, die **mehr** als ein Zimmer zur Verfügung haben.

KALEB: Oder einen **Stall**. Gerade vorhin hat mir jemand erzählt, dass der Wirt der »Goldenen Krone« einem fremden Ehepaar – aus Nazareth glaube ich – seinen Stall zur Verfügung gestellt hat. Die Frau war schwanger, und es war schon die dritte Herberge, bei der sie anklopften.

TOBIAS: Eine sehr gute Idee, Kaleb. Dazu sollte man **alle**, die Ställe haben, verpflichten.

BÜRGERMEISTER: Ich formuliere also folgenden Antrag:
»Alle Bewohner, die mehr als ein Zimmer zur Verfügung haben, sollen eines davon an Fremde abgeben.
Alle, die einen oder mehrere Viehställe besitzen, sollen diese den Fremden zur Verfügung stellen.« Stimmen Sie dem Antrag zu? *(Alle heben die Hand.)* Also: Einstimmig angenommen. Haben Sie's notiert, Jakob?

STADTSCHREIBER: *(nickt, schreibt und spricht dabei)* ... den Fremden zur Verfügung stellen. Antrag des Bürgermeisters einstimmig angenommen.

DANIEL: Damit haben wir auch schon Ihren zweiten Punkt abgehandelt, Herr Bürgermeister. Denn wenn es genügend Wohnraum gibt, ist die Gefahr von Seuchen gebannt.

Bürgermeister: Stimmt, Daniel. Hoffentlich! – Also: zu Punkt drei: die Geschäftemacherei der Kaufleute!

Tobias: Ich denke, dagegen können wir nichts tun. Das ist eine Ausnahmesituation.

Kaleb: Wer hierher kommt, kann auch zahlen. Schließlich sind wir in unserer Ruhe und Ordnung gestört.

(In dem Augenblick kommt ein Mann hereingelaufen, außer Atem, schmutzig, mit zerrissener Kleidung.)

Fremder: Hilfe! Hilfe! Überfall! Ich möchte Anzeige erstatten. Man hat mich zusammengeschlagen – beraubt! Mein Koffer ist weg mit viel Geld!

(aufgeregtes Murmeln)

1. Polizist: Kommen Sie bitte mit ins Nebenzimmer, dort werden wir Ihre Anzeige zu Protokoll nehmen.

(Er winkt dem Stadtschreiber. Der Fremde, die Polizisten und der Stadtschreiber gehen.)

Andreas: Nun sind wir, ohne es zu wollen, bei Punkt 4: zunehmende Kriminalität.

Tobias: Ich finde, wir brauchen ein verstärktes Polizeiaufgebot und drastische Strafen.

Kaleb: Drastische Strafen werden da auch nichts ändern. Der Hass auf die Fremden, die unsere Ruhe und Ordnung stören, ist einfach zu groß.

Daniel: Dennoch muss jeder, der Gewalt anwendet, schwer bestraft werden. Da gebe ich Tobias Recht.

Bürgermeister: *Meine Herren, Strafe muss sein. Das sehe ich auch so. Dennoch ... (Die Sitzungsteilnehmer murmeln leise weiter, während der Stadtschreiber Jakob wieder zur Kanzel tritt und weitererzählt:)*

Stadtschreiber: Habt ihrs mitgekriegt? Die Sitzung wurde eben durch den Zwischenfall ungewollt unterbrochen. Ich war dabei, als die Anzeige aufgenommen wurde, und schreibe nun Folgendes in die Chronik

(Er schreibt mit seiner Feder auf die Rolle.)

»Wieder Überfall in unserer Stadt im Zusammenhang mit der Volkszählung: Ein Fremder wurde so zusammengeschlagen, dass er keine Beschreibung der Räuber geben konnte. Der ihm geraubte Koffer war schwarz und enthielt eine beträchtliche Anzahl Münzen im Wert von 1000 Denar, eine Wolldecke und Kleidung.«

(Geht weg; zwei Räuber erscheinen; der erste trägt einen schwarzen Koffer, beide tragen einen Stock.)

2. Szene: Auf der Flucht

Requisiten: Zwei Stöcke; ein Koffer, darin eine Geldkassette mit Münzen, ein langes Gewand, ein Hut und eine Decke.
Als Baum: Weihnachtsbaum (oder große Grünpflanze)

1. RÄUBER: Das ist noch mal gut gegangen. Jetzt sind wir in Sicherheit.

2. RÄUBER: *(Sie setzen sich unter den Tannenbaum.)*
He, mach mal den Koffer auf!
Der andere öffnet den Koffer, der erste zieht ein langes Gewand und einen Hut raus.
O, ein Gewand und ein Hut. *(Er zieht sich beides an und läuft damit herum. Es ist viel zu groß. Sie lachen.)*

1. RÄUBER: *(Er holt eine Decke raus.)* Prima, falls wir auf der Straße schlafen müssen. Aber was klimpert denn da so schön?
(klappert mit einer kleinen Kiste. Dann macht er sie auf. Einige Münzen fallen heraus.)
Münzen! Und gleich so viele!

2. RÄUBER: Zeig! – Pah – das sind ja ... Zähl mal.

1. RÄUBER: *(zählt)* Eins, zwei, fünf, acht,

2. RÄUBER: Kannst du nicht zählen, Mann!

1. RÄUBER: Nee. Durfte nicht zur Schule. War zu teuer. – Aber es ist viiiel Geld!

2. RÄUBER: Sei still, da kommt jemand! Pack weg!
(Hastig packen sie alles wieder in den Koffer, schließen ihn und verstecken sich hinter dem Baum. Da kommen vier Hirten des Wegs daher. Sie setzen sich unter den Baum.)

1. HIRTE: Mein Herz klopft mir bis zum Halse, wenn ich daran denke, was wir erlebt haben!

2. HIRTE: Vielleicht wars nur ein Traum?

3. HIRTE: Aber wie sollen denn vier Männer gleichzeitig dasselbe träumen?

4. Hirte: Also – ich bin ganz durcheinander. Wie war das noch mal? – Da kam ein Engel!

1. Hirte: Nein. Erst wurde es hell! Wir waren wie geblendet.

2. Hirte: Ich fiel vor Schreck auf die Erde nieder.

3. Hirte: Und ich hielt mir die Hände vors Gesicht.

4. Hirte: Ich wäre beinahe in Ohnmacht gefallen.
Doch dann sah ich ihn – den Engel.

Die anderen Hirten: Ich auch.

3. Hirte: Und ich hörte, wie er sprach.
(An der Seite erscheint ein Engel. Die Hirten bewegen die Lippen, als würden sie mit flüstern, die Räuber schauen sie dabei an.)

Engel: Fürchtet euch nicht.
Seht, ich verkündige euch große Freude.
Denn euch ist heute der Heiland geboren,
Christus, der Herr!
Geht nach Bethlehem!
Dort werdet ihr ihn finden,
in Windeln gewickelt und in einer Krippe liegen.

4. Hirte: Ja. Genauso wars.

1.-3. Hirte Ja! Ja! Genau **so**!

2. Hirte: Aber in Bethlehem gibts **viele** Ställe. Wo sollen wir das Kind suchen?

3. Hirte: Gott wird uns schon zum **richtigen** Stall führen.

1. Hirte: In dieser hellen Nacht wird er nicht schwer zu finden sein.

2. Hirte: Du hast Recht. Die Nacht ist sehr hell.
(blickt zum Himmel) Dabei haben wir gar keinen Vollmond.

4. Hirte: *(zeigt auf den Stern)*
Ich glaube, der Stern da macht die Nacht so hell.

3. Hirte: Folgen wir ihm! Vielleicht führt er uns zum Stall!

1. Hirte: Ja! Das ist eine gute Idee! Kommt, wir gehen!
(Die Hirten nicken, stehen auf und gehen. Als sie weg sind, kommen die Räuber aus ihrem Versteck.)

1. Räuber: Hahaha! Dass ich nicht lache! Was sind die Hirten doch so dumm.
Ein **Engel** ist ihnen erschienen.

Beide: Hahaha!
(lachen spöttisch, bis der zweite auf einmal aufhört)

2. Räuber: Und wenn doch was dran ist?

1. Räuber: Wie?

2. Räuber: Na, wenn es stimmt, was die Hirten erzählt haben! Vielleicht gibt es ja den Stall. Und vielleicht ist ja der Heiland geboren.

1. Räuber: Heiland?

2. Räuber: Na, einer, den Gott schickt, damit unsere Welt heil wird, friedlich und gut!

1. Räuber: Das glaubst du doch nicht im Ernst! Die Hirten spinnen doch!

2. Räuber: Ach, komm! Folgen wir ihnen! Wenns nicht stimmt, dann wirds auch so ein Spaß! Die dummen Gesichter möchte ich sehen, wenn sie nichts gefunden haben!

1. Räuber: Weil es den Stall mit dem Kind gar nicht gibt! Haha! – Aber was machen wir mit dem Koffer und unseren Stöcken?

2. Räuber: Verstecken. Hier! Wir decken sie mit ein paar Zweigen zu. Dann wird sie so schnell niemand finden.

(verstecken den Koffer und die Stöcke und ziehen ab. Eine Zeitlang tut sich vorne nichts. Dann kommt ein Ehepaar des Wegs daher.)

Rahab: Lass uns hier rasten, Simon. Mir tun die Füße schon weh!

Simon: Von mir aus. Jetzt in der Nacht finden wir sowieso kein Quartier mehr in Bethlehem!

Rahab: Den **Kaiser** müsste man mal zu Fuß auf die Reise schicken!

Simon: Er soll hingehen, wo der Pfeffer wächst! Eine Schnapsidee – diese Volkszählung!

Rahab: *(verschränkt die Arme)* Es ist ganz schön kalt hier. Ich friere.

Simon: *Ich werde ein paar Zweige holen und ein Feuer machen. (verschwindet hinter dem Baum und findet das Räuberversteck)*

Rahab! – Schau mal, was hier ist!

(kommt mit dem Koffer und den Stöcken hervor)

Rahab: Wer das wohl vergessen hat?

Simon: *(macht den Koffer auf und holt die Sachen raus)* Es scheint eher Diebesgut zu sein! Wir gehen besser doch gleich nach Bethlehem. Wir müssen Anzeige bei der Polizei erstatten.

(Sie nehmen die Sachen und gehen. Da kommen ihnen die zwei Polizisten entgegen.)

1. Polizist: Halt! Was haben Sie da für einen Koffer?

Rahab: Den haben wir eben gefunden. Dort, hinter dem Baum.
(Der 1. Polizist nimmt die Stöcke und schaut den 2. vielsagend an.)

2. Polizist: *(nimmt Simon den Koffer aus der Hand)*
Sieht aus wie der Koffer, der dem Fremden heute Abend bei einem Überfall gestohlen wurde,
schwarz und ...
(öffnet ihn und holt die Geldkassette, die Decke und die Kleidung heraus)
eine Geldkassette – *(schüttelt sie)* – scheint noch alles drin zu sein – eine Wolldecke – Kleidung.

1. Polizist: Stimmt genau mit der Anzeige überein.

Simon: *(zum Ehepaar)* Sie sind verhaftet wegen Raubes und Körperverletzung. ***(Die Polizisten führen das sich wehrende Ehepaar ab.)***

Stadtschreiber: *(ist gerade beim Schreiben, hört damit auf, schaut auf und erzählt)* Gerade schrieb ich für die Chronik meinen Bericht über den Überfall, da klopfte es bei mir. Ein Bote teilte mir mit, die Räuber seien schon gefangen und verhaftet worden. Ich werde gleich weiterschreiben über die vorzügliche Arbeit unserer Bethlehemer Polizei! Da wird sich unser Bürgermeister aber freuen! *(schreibt weiter)*

3. Szene: Im Stall

Man sieht Maria und Josef im Stall, das Kind (Puppe) in der Krippe.

Maria: Schau nur, Josef, wie friedlich unser Jesus schläft! Wie bin ich froh!

Josef: Ja, wir können Gott dankbar sein. Wir haben ein Dach über dem Kopf. Hier im Stall ist es schön warm. Unser Kind ist gesund! Und eine Krippe als Bett ist allemal besser als nichts.
(Es klopft.) Nanu! Wer klopft denn da zu so später Stunde? Herein! *(Es treten die Hirten ein.)*

1. Hirte: Entschuldigen Sie, dass wir hier einfach eintreten. Aber – auch wenn es seltsam klingt – ein **Engel** hat uns hergeschickt.

2. Hirte: Hier soll ein Kind geboren sein, hat er gesagt.

Maria: Ein Engel? – Mir hat auch ein Engel unser Kind angekündigt. Erinnerst du dich noch, Josef, wie ich dirs erzählte?

Josef: Ja. Maria! Wie könnt' ich das vergessen?

3. Hirte: *(schaut in die Krippe)*
Ein Gotteskind!

4. Hirte: Wie friedlich es daliegt. Wie heißt es denn?

Josef: Jesus.

Maria: Wir sollen es Jesus nennen, hat der Engel gesagt.

Josef: Das bedeutet: Gott hilft.

1. Hirte: Und wir sind die ersten, die es sehen dürfen!

2. Hirte: Wir danken Gott, dass er uns arme Hirten hierher geführt hat! *(Es klopft erneut.)*

Josef: Herein! *(Die zwei Räuber treten polternd ein.)*

1. Räuber: He, ihr da! Macht mal Platz! *(Die beiden drängeln sich grob zwischen den Hirten durch.)*

2. Räuber: *(blickt erstaunt in die Krippe)* Ich fass' es nicht! Da drin ist tatsächlich ein Kind!

1. Hirte: Ist euch auch ein Engel erschienen?

1. Räuber: Ein **Engel**? – Nee! – **Ihr** seid uns erschienen!

3. Hirte: Wir? – Wie das?

2. Räuber: Wir haben euch vorhin belauscht!– Ich fass' es nicht.

1. Räuber: Ein Gotteskind!

4. Hirte: Natürlich , was dachtest denn **du**?

2. Räuber: Das wird ein guter Mensch werden. *(zu Maria)*
Frau, ich gratuliere Ihnen zu solch einem Kind!
(zu Josef gewandt) Und Ihnen auch, Herr.

Maria: Danke. – Wer seid Ihr?

Josef: Und wo kommt Ihr her?

2. Räuber: *(verlegen)* – Wir – wir – wir sind ...

1. Räuber: nicht gut genug für Sie und Ihr Kind..

2. Räuber: Doch wir ... Wenn wir Ihnen das erzählen würden!

1. Räuber: Nein, nein, lieber nicht.
Wir gehen jetzt besser! Doch wir danken Ihnen.
Dieses Erlebnis heute Nacht ...

2. Räuber:: Wir werden es nie vergessen. – Es ist, als wäre auch **uns** ein Engel erschienen. *(Die beiden gehen verstört weg.)*

Josef:	Na, das waren aber seltsame Gestalten. Die waren mir zuerst richtig unheimlich.
Maria:	Doch dann taten sie mir Leid. Es war, als hätte unser Kind ihr Herz angerührt.
2. Hirte:	Kein Wunder! Auch mir wird ganz warm ums Herz, wenn ich euer Kind sehe.
3. Hirte:	Ja, das kleine Kind im Stall! So arm ist es. Und doch macht es uns reich an Freude, an Vertrauen!
4. Hirte:	Und reich an Hoffnung, dass die Menschen eines Tages lernen, füreinander dazusein. *(Die Hirten setzen sich.)*

Lied (z.B.): »Kommet, ihr Hirten«

4. Szene: Unterwegs

1. Räuber:	*(unterhalten sich, während sie zum Baum laufen)* Irgendwie bin ich glücklich – und doch unglücklich.
2. Räuber:	Ich auch. Ich schäme mich so. Und dennoch bin ich froh!
1. Räuber:	Ich glaube, Gott ist uns ganz nahe gekommen!
2. Räuber:	Doch sag: Was sollen wir nun tun?
1. Räuber:	Ja, was? – Ich jedenfalls kann nicht so weiterleben wie bisher.
2. Räuber:	Ich auch nicht. Eins ist klar: Gott will uns ein Zeichen geben.
1. Räuber:	Ja, er will die Welt heil und friedlich machen. Und bei **uns** will er anfangen.
2. Räuber:	Ja, bei **uns**! – Komm, holen wir den Koffer aus dem Versteck! Und dann gehen wir zurück nach Bethlehem und geben ihn zurück.
1. Räuber:	Genau. Und dann suchen wir uns eine ehrliche Arbeit. – Da drüben sind wir schon am Baum! *(schaut dahinter)* Du, der Koffer ist weg!
2. Räuber:	Wie? Weg? *(geht auch hinter den Baum)* Das darf doch nicht wahr sein!
1. Räuber:	*(Beide kommen hinter dem Baum vor.)* Und was machen wir nun?
2. Räuber:	Vielleicht ist auch **das** ein Zeichen Gottes. – Gehen wir zurück nach Bethlehem und fangen ein neues Leben an!

STADTSCHREIBER: In unserer Stadt brodelt die Gerüchteküche. Die Menschen erzählen von einem neugeborenen Kind, das Gott selber auf die Erde geschickt hätte. Manche erzählen, es sei in einem **Stall** geboren. Hirten hätten die Nachricht darüber verbreitet. – Hirten! *(tippt sich auf die Stirn)* Hirten sind ungebildete Menschen! Arm sind die und dumm! Wer denen glaubt, ist selber dumm. Nein, die Nachricht von dem neugeborenen Kind taugt wohl nicht für die Chronik. *(setzt sich)*

5. Szene: In Bethlehem

Requisiten: ein Schild mit der Aufschrift »Bethlehem« und eine Bank

(Die Räuber erscheinen aus zwei verschiedenen Richtungen. Traurig setzen sie sich auf eine Bank.)

1\. RÄUBER: Na, hast du Arbeit gefunden?

2\. RÄUBER: *(schüttelt traurig den Kopf)* Nein. Es ist zum Verzweifeln!

1\. RÄUBER: Wir haben halt nichts gelernt! Keine Ausbildung. Noch nicht mal lesen und schreiben können wir.

2\. RÄUBER:: Ich hab nie gedacht, dass es so schwer ist, etwas aus seinem Leben zu machen.

(Zwei Frauen begegnen sich vor der Bank.)

MAGDA: Hallo Miriam! Lange nicht gesehen!

MIRIAM: Hallo Magda! *(Die beiden setzen sich neben sie auf die Bank und unterhalten sich.)*

Hast du schon gehört? Heute ist die Gerichtsverhandlung gegen das Ehepaar, das vor fast zwei Wochen einen Fremden niedergeschlagen und beraubt hat. Die beiden sollen heute verurteilt werden.

MAGDA: Gehst du hin?

MIRIAM: Klar. Die werden sicher zum Tode verurteilt. – Das lass ich mir nicht entgehen.

MAGDA: Ich auch nicht. Tschüs! Bis später! *(sie stehen auf und gehen)*

2\. RÄUBER: Hast du das gehört? Ein **Ehepaar** soll den Koffer geraubt haben! – Aber die sind doch **unschuldig**! Das waren doch **wir**!

1. Räuber: Da müssen wir unbedingt was unternehmen! – Wir gehen hin!

2. Räuber: Meinst du wirklich? Und wenn **wir** zum Tode verurteilt werden?

1. Räuber: Und wenn? – Wir müssen zu unserer Schuld stehen! Komm! *(stehen auf und gehen)*

6. Szene: Im Gerichtssaal

Requisiten: ein Stuhl für den Richter. Davor sind zwei Stühle für die Zeugen aufgebaut.– Rahab und Simon sitzen an der rechten Seite auf zwei Stühlen, der Fremde auf der linken Seite, Magda und Miriam, die Polizisten, der 1. Hirte u.a. stehen als Zuhörer dabei.

Der Koffer des Fremden, für die Könige: Räucherstäbchen, ein Schälchen und Streichhölzer, ein Salbtöpfchen, eine goldene Kugel oder ein anderer goldener Gegenstand

Richter: Sie sind angeklagt, diesen Mann da *(deutet auf den Fremden)* am Freitag vor einer Woche überfallen und beraubt zu haben. Erzählen Sie bitte, was genau passiert ist.

Der Fremde: *(tritt nach vorne)* Es ging alles so schnell. Ich war gerade zur Volkszählung nach Bethlehem gekommen. Hier bin ich nämlich geboren. Und da – auf der Suche nach einer Herberge – hörte ich hinter mir Schritte. Dann spürte ich einen Schlag auf den Kopf und wurde bewusstlos. Als ich wieder aufwachte, war mein Koffer weg.

Richter: Und was befand sich im Koffer?

Der Fremde: Na, meine ganzen Ersparnisse: 1000 Denar sauer verdientes Geld. Ich hatte sie in einem Kästchen. Und dann noch etwas Kleidung und eine warme Decke.

Richter: Gab es Zeugen des Vorfalls?

Der Fremde: Soweit ich weiß, nein. Ich war ganz alleine.

Richter: Danke. Sie dürfen sich setzen.
Ich rufe die Polizisten in den Zeugenstand.
(Die zwei Polizisten setzen sich.)
Sie haben die mutmaßlichen Täter gefasst. Erzählen Sie bitte!

1. Polizist: Ja. In der Nacht desselben Tages liefen wir Streife. Und da fiel uns ein Ehepaar mit Stöcken und einem Koffer auf.

2. Polizist: Es handelte sich eindeutig um den Koffer des Herrn dort! Wir nahmen die beiden fest.

Richter: Danke! Da es keine weiteren Zeugen gibt, frage ich die Angeklagten Rahab und Simon Simonis: Was haben Sie zu Ihrer Verteidigung vorzubringen?

Simon: *(Rahab und Simon stehen auf.)*
Herr Richter, glauben Sie uns! Wir sind unschuldig! Wir waren unterwegs zur Volkszählung nach Bethlehem. Als wir uns an einem Baum unweit der Stadt ausruhten, entdeckten wir dahinter versteckt den Koffer und zwei Schlagstöcke.

Rahab: Und wir beschlossen, beides der Polizei in Bethlehem zu übergeben.

Richter: Wieso der Polizei? Woher wussten Sie, dass die Sachen gestohlen waren?

Simon: Man konnte sehen, dass sie jemand versteckt hatte. Es waren Äste darüber gedeckt. Wer versteckt schon so viel Geld?

Richter: Woher wissen Sie denn, dass in dem Koffer Geld war?
(In diesem Augenblick unterbricht ihn der erste Räuber und tritt nach vorne. Der andere folgt ihm.)

1. Räuber: Erlauben Sie, Herr Richter: Diese beiden sind **unschuldig. Wir** haben den Herrn da überfallen und beraubt.

Richter: Sie? – Und warum kommen Sie erst jetzt?

2. Räuber: Weil uns ein Engel erschienen ist.

1. Räuber: Nein, den **Hirten** ist ein Engel erschienen.

2. Räuber: Ja. Und dann war da ein Kind in einem Stall.

1. Räuber: Ein Gotteskind.

2. Räuber: Und da wollten wir nicht mehr so weiterleben wie bisher, Herr Richter.

Richter: Also, das klingt sehr unwahrscheinlich, was Sie da erzählen! Sie sind wohl betrunken!

2. Räuber: Aber Herr Richter, das ist die **Wahrheit. Wir** haben den Mann beraubt.

1. Räuber: Und ohne das Kind im Stall hätten wir nie …
(In diesem Augenblick erscheinen Kaspar, Melchior und Balthasar. – Alle erheben und verneigen sich.)

Melchior: Entschuldigen Sie bitte, aber wir kommen von weit her, aus dem Orient.

Balthasar: Zwei Wochen ists wohl her – Da haben wir einen außergewöhnlichen Stern gesehen.

Kaspar: Solch ein Stern – wir habens in den alten Schriften gelesen – zeigt die Geburt eines besonderen Königs an. Deshalb machten wir uns auf den Weg und folgten ihm.

Melchior: In Jerusalem, bei Eurem König Herodes, machten wir Station. Doch der sagte, er wisse nichts von einem neuen Königskind.

Kaspar: Da folgten wir dem Stern weiter bis nach Bethlehem.

Balthasar: Wir wollten den Bürgermeister fragen. Man sagte uns, er sei gerade hier, bei einer Gerichtsverhandlung.

Bürgermeister: *(steht auf, geht zu den Königen und verbeugt sich ehrerbietig)* Solch vornehmer Besuch in unserer Stadt! Herzlich willkommen – Doch leider kann ich Ihnen nicht weiterhelfen. Ich weiß nichts von einem neugeborenen König.

1. Räuber: Aber das ist doch das Kind! *(zum 2. Räuber)* Weißt du noch? Der Stern über dem Stall?!

2. Räuber: Herr Richter, die drei Männer suchen das Gotteskind, von dem wir Ihnen eben erzählten.

Richter: Ein **König** – in einem **Stall**?

1. Hirte: *(kommt nach vorne und verbeugt sich vor den Königen und dem Richter)* Erlauben Sie, Herr! Ich bin nur ein armer Hirte. Bin zufällig als Zuhörer in dieser Verhandlung. Ich und drei andere Hirten – sie sind zur Zeit auf dem Feld bei den Schafen – können die Aussage der beiden *(zeigt auf die Räuber)* bestätigen. Auch wir haben das Kind im Stall gesehen – den neugeborenen Herrscher, das Gotteskind.

Richter: Ich sehe ein: Die außergewöhnliche Situation erfordert eine Unterbrechung der Verhandlung. Zeigen Sie uns den Stall und das seltsame Kind!

(Alle stehen auf und laufen zum Stall – der Fremde nimmt seinen Koffer mit.)

Lied: »Stern über Bethlehem«

7. Szene: Wieder im Stall

KASPAR: *(vor dem Stall)* Jetzt sind wir am Ziel.

MELCHIOR: Ja. Genau über diesem Stall steht der Stern, den wir in unserem Heimatland entdeckten. *(treten in den Stall)*

MELCHIOR: Seid gegrüßt! Wir kommen von weit her, um das Kind zu sehen, das einmal die Welt regieren soll.

KASPAR: Hier habe ich Weihrauch mitgebracht – eine seltene Gabe aus meinem Heimatland. Sein Duft soll wie der Duft des Himmels diesen Stall erfüllen. *(zündet in einem Schälchen ein Räucherstäbchen an und kniet dann nieder)*

MELCHIOR: Und von mir bekommst du Myrrhe. Wie bei einem König soll deine Mutter deine Haut mit diesem Öl bestreichen. *(überreicht Maria ein Salbtöpfchen und kniet nieder)*

BALTHASAR: Und du bekommst Gold. Denn für ein Gotteskind kann nichts wertvoll genug sein. *(gibt Josef das Gold und kniet nieder)*

DER FREMDE: Auch von mir erhältst du alles, was ich habe – diesen Koffer hier. *(stellt den Koffer hin)*

Ab heute soll alles neu werden. Ich und ihr! *(Er zeigt auf alle, die da stehen. Dann gibt er den Räubern die Hand.)* Ihr habt mich überfallen und beraubt. Doch ich glaube, dieses Kind kann Menschen wandeln! Darum ziehe ich meine Anzeige zurück.

RICHTER: Ich erkläre die Gerichtsverhandlung hiermit endgültig für beendet. Herr und Frau Simonis, bitte verzeihen Sie, dass man Sie unschuldig verklagte.

SIMON: Schon gut. Wenn das nicht passiert wäre, hätten wir diesen Tag heute nicht erlebt.

RAHAB: Manchmal führt uns Gott zum Heil – durch Angst und Leid und Schrecken.

STADTSCHREIBER: Heute habe ich meinen Bericht weitergeschrieben. Soll ich ihn vorlesen? *(rollt Rolle auf und liest)*

Gestern fand die Gerichtsverhandlung statt, in der es um den Überfall vor zwei Wochen ging. Überraschenderweise legten zwei Männer ein Geständnis ab und entlasteten die Angeklagten Rahab und Simon. Sie berichteten, ein neugeborenes Kind in der Krippe eines Stalls habe sie dazu

bewegt. Der Richter wollte ihrer unwahrscheinlichen Geschichte nicht glauben. Da wurde sie von einem Hirten bestätigt. Außerdem tauchten drei weise, reiche Männer aus dem Orient in der Verhandlung auf. Sie sagten, sie seien einem seltsamen Stern, der auf die Geburt eines besonderen Herrschers hinweise, gefolgt.
Nun wurde die Verhandlung unterbrochen. Kurze Zeit später fand man den Stern – genau über jenem Stall, von dem die Räuber erzählt hatten. Dort lag auch das Kind in der Krippe. Ein **besonderes** Kind; denn es hat schon jetzt viel Gutes bewirkt:
Es hat aus Räubern gute Menschen gemacht.
Es hat die Verurteilung Unschuldiger abgewendet.
Es hat das Opfer eines Verbrechens dazu bewegt, seinen Peinigern zu verzeihen und den Richter zur Einstellung des Verfahrens.
Es hat vielen Menschen zum Glauben an Gott und zum Vertrauen ins Leben verholfen.
Wie viel Gutes wird es wohl erst bewirken, wenn es erwachsen ist?

Lied (z.B.): »Wisst ihr noch, wie es geschehen«

Beppos Krippenfiguren

Personen: Sprecher, Beppo, Eleonore, Pascal, 1. Frau, 2. Frau, 3. Frau, Mutter, Lisa, Kind (mit Roller), Ehefrau, Ehemann, 1. Verkäufer, 2. Verkäufer, Herr, Mädchen, Maria, Josef, 1. – 4. Hirte, Engel, Wirt, Wirtin, Kaspar, Melchior und Balthasar
Es ist möglich, die 1. Szene wegzulassen.
Dauer: ca. 25 Minuten

1. Szene

Requisiten: Kassette mit Weihnachtsmarkt-Geräuschen (bei einem Rundfunksender erbitten oder selber aufnehmen); 2–3 Tische als Marktstände, ein Handy

(Von einer Kassette ertönen die Geräusche eines Weihnachtsmarktes – Musik und Stimmengewirr. Leute laufen mit Einkaufstaschen und -körben durch die Kirche. An den Seiten sind 2–3 kleine Tische aufgebaut als Marktstände. Ab und zu wird die Kassette auf »Pause« geschaltet. Dann werden die folgenden Szenen gespielt.)

1. FRAU: Sie hatten doch letzte Woche Lebkuchenherzen mit den Worten »Ich liebe dich«. Gibts die nicht mehr?

VERKÄUFER: Tut mir Leid. Alle ausverkauft.

1. FRAU: Schade. *(zu sich selber)* Wie soll ichs ihm bloß sagen?
(Kassette ein – Pause
Ein Kind kommt auf einem Roller oder Rollerblades gefahren und rempelt eine Frau an.)

2. FRAU: He, du Rüpel! Kannst du nicht aufpassen? Du hast mich angerempelt.

KIND: Ich? **Sie** sind doch schuld. Mitten auf dem Weihnachtsmarkt einfach stehen zu bleiben!
(Kassette ein – Pause)

LISA Mama! Ich bin so müde, will endlich nach Hause!

MUTTER: Nur noch ein Geschenk für Papa. Dann gehen wir. – Was soll ich ihm bloß schenken? Er hat doch schon alles.
(Kassette ein – Pause.
Ein Handy klingelt. Eine Frau nimmt ab.)

3. Frau: Hallo. Ach, du bists! Bin gerade auf dem Weihnachtsmarkt. – Ja. Hier ist unheimlich viel los. – Wie? Es gibt keine Tannenbäume mehr? – Warte mal. *(schaut sich um, geht zu einem Stand)* Gibts hier noch Weihnachtsbäume?

2. Verkäufer: Tut mir Leid. Alle ausverkauft.

3. Frau: *(spricht wieder ins Handy)* Hier auch nicht. Alle ausverkauft. – Wie? Ich? Du bist doch schuld. Du hattest doch versprochen ... Was? Wir lassen Weihnachten ausfallen? *(legt auf)* – Blödmann! Dann gibts auch kein Geschenk.
(Kassette ein – Pause)

Herr: Hier findet man wohl nur Ramsch. Keine Kunst, keine Antiquitäten. Nichts von Wert. Da wird' ich wohl mein Geld anders anlegen müssen. *(Kassette ein – Pause)*

Ehemann: Du machst doch wieder Gans zum Fest, oder?

Ehefrau: Am liebsten würde ich gar nichts kochen.

Ehemann: Was? Heiligabend? Du wirst doch wohl einmal im Jahr 'ne Gans machen können!

Ehefrau: Ja. Aber warum ausgerechnet an Weihnachten?
(Die Leute gehen nun nach vorne und singen den Sprechgesang:)

»Weihnachtsmarkt-Rap«

(Siehe: Lieder zu den Weihnachtsspielen S. 128)

2. Szene

An der Seite im Altarraum der Kirche, in und vor dem Stall, der aus Platzgründen am besten nur eine bemalte Pappfront ist, sind – möglichst unbeweglich wie Puppen – die Figuren der Weihnachtsgeschichte zu sehen: Maria und Josef, ein großer und einige kleine Engel, zwei Herbergswirte, vier Hirten (zwei knien), Balthasar und Melchior, evtl. auch Ochse, Esel und Schafe. Am Dach des Stalls ist ein Schild mit der Aufschrift »Beppos Krippenfiguren-Werkstatt« angebracht. Vorne steht Beppo vor Kaspar und malt ihm das Gesicht braun an. Außerdem stehen noch drei Stühle oder besser Bänke (Kindergartenbänke) vorne.

Sprecher: Ja, ein Tag noch, dann ist Heiligabend und der ganze Rummel ist vorbei.
Auch Beppo hat es fast geschafft. Nur eine Figur muss er

noch fertig stellen, den Kaspar. *(Beppo fängt an, ein Weihnachtslied vor sich hin zu pfeifen oder zu trällern.)* Beppo ist ein berühmter Künstler. Seit dem ersten Dezember hat er einen Stand direkt gegenüber der Marktkirche. Dort können die Leute zuschauen, wie er täglich eine lebensgroße Krippenfigur aus einer speziellen Modelliermasse formt. Mit großer Sorgfalt arbeitet er an seinen Figuren, manchmal bis tief in die Nacht. *(Ein Mädchen läuft an den Krippenfiguren vorüber, bleibt stehen und betrachtet sie. Kurz danach, während des folgenden Gesprächs, erscheinen die beiden Obdachlosen Pascal und Eleonore. Sie breiten eine Decke neben der Holzhütte aus und stellen in Schild auf: »Obdachlos – Bitte helft uns.« Pascal setzt seinen Hut ab und legt ihn vor sich zum Geldeinsammeln.)*

MÄDCHEN: Schön! *(deutet auf die Krippenfiguren)* Hast du die alle selber gemacht?

BEPPO: Klar, mein Mädchen. Gefallen sie dir?

MÄDCHEN: Und wie! – Kann man die kaufen?

BEPPO: Kaufen? Nein. Ich glaube, meine Figuren sind das Einzige hier, was man nicht kaufen kann.

MÄDCHEN: Und was machst du damit, wenn du sie nicht verkaufst?

BEPPO: Morgen bringe ich sie in die Marktkirche. Da werden sie in der Christvesper feierlich vorgestellt und bleiben dort bis zum Tag der Heiligen Drei Könige am 6. Januar. – Was dann mit ihnen geschieht, weiß ich noch nicht.

MÄDCHEN: Wenn ich solche Figuren hätte, würde ich sie das ganze Jahr über in der Stadt aufstellen, damit alle Menschen sie sehen könnten. Dann würden sie immer an Weihnachten denken. *(Das Mädchen geht weiter. Eleonore steht auf und schaut sich die Figuren an.)*

ELEONORE: Wahnsinn! Schau mal, Pascal, die sehen aus wie echt. *(Pascal steht auch auf und kommt dazu.)*

PASCAL: Ja. Wie lebendig.

BEPPO: Sind sie ja auch. Die **sind** lebendig.

ELEONORE: Du willst uns wohl auf den Arm nehmen!

BEPPO: Aber nein! – Glaubt mir: Ich habe ihnen Seelen gegeben. Seht ihr das nicht?

ELEONORE: *(geht langsam von Figur zu Figur)* Erstaunlich! Man meint wirklich, sie würden leben. Sieh mal, der Josef, Pascal! Fest und mutig steht er da, als könne ihn nichts erschüttern. Und die Hirten – andächtig knien zwei vor dem Jesuskind. Und die anderen – voll Zärtlichkeit blicken sie es an. – Und schau nur, die Maria! Ihr Gesicht ist so ... so unsagbar froh und glücklich. – Meinst du, Maria war glücklich?

PASCAL: Ach, Eleonore, woher soll ich das wissen?!

BEPPO: Ich denke, jeder Mensch ist glücklich, wenn ihm ein Engel erscheint. Meint ihr nicht?

ELEONORE: Keine Ahnung! **Mir** ist noch **nie** ein Engel erschienen.

BEPPO: Wirklich? Nie?

PASCAL: Sieh uns doch an! Keine Arbeit. Keine Wohnung. Unter der Rheinbrücke wohnen wir. Und unser Haus – ein Pappkarton.

ELEONORE: Wenn ich dir erzählen würde, mir sei ein Engel erschienen, Pascal ...

PASCAL: *(schüttelt den Kopf und lacht)* Das würde ich dir nie glauben!

ELEONORE: Ich würde es mir wohl selber nicht glauben. Ich würde denken, ich hätte mir den Engel nur eingebildet.

BEPPO: Das ist es eben: Maria und Josef **haben** geglaubt. Ich sage euch: **Jedem** von uns erscheint manchmal ein Engel. Oft gerade dann, wenn es uns schlecht geht. Wichtig ist, dass wir ihn bemerken und dass wir an ihn glauben.

(Eine Frau mit einem Kind – kann die Frau aus der 1. Szene mit ihrem Kind sein – hat sich schon ungeduldig dazwischengedrängt und unterbricht nun das Gespräch.)

MUTTER: Unverschämt. Versperren anständigen Leuten den Weg!

ELEONORE U. PASCAL: ‘tschuldigung! *(sie setzen sich auf die Decke)*

LISA: Haben Sie den Engel da *(deutet auf den Verkündigungsengel)* auch klein?

BEPPO: Tut mir Leid, gnädige Frau. Ich habe nur **diese** Figuren. Und die sind unverkäuflich.

MUTTER: Schade! Ich suche dringend ein Geschenk für meine Mutter. Schwierig, sage ich Ihnen. Die alten Leute haben ja alles. Über solch einen Engel würde sie sich bestimmt freuen. Der ist nur zu groß.

Beppo: Tut mir Leid, wie gesagt.

Lisa: Mama, hast du mal 'nen Euro?

Mutter: Wofür denn, Lisa? Du siehst doch, hier gibts nichts zu kaufen.

Lisa: *(deutet auf die Obdachlosen)* Für die da!

Mutter: Für solch ein hergelaufenes Pack ist mir mein Geld zu schade. Die sollen erst mal was arbeiten. Komm, Lisa, komm! *(zerrt das Kind weg)*

Pascal: Arbeiten, sagt die! Hat die 'ne Ahnung! Ich bin 51. Wie soll ich da Arbeit finden?

Eleonore: *(zu Beppo)* Pascals Firma ist vor drei Jahren pleite gegangen. Er hat seither vergeblich versucht, wieder Arbeit zu kriegen. In seinem Alter wird er nicht mehr gebraucht.

Beppo: Das ist schlimm. – Und du?

Eleonore: Ich hab' nichts gelernt; hab' unsere Tochter Seline großgezogen, bis sie achtzehn war. Sie hatte gerade ihren Führerschein. Da kam sie bei einem Unfall ums Leben. Voriges Jahr. Das war kurz, nachdem man uns die Wohnung gekündigt hatte. –
Weißt du, es hat alles keinen Sinn. Es kam bei uns so viel zusammen: Schulden, Arbeitslosigkeit, der Unfall. Alles, was wir uns mal aufgebaut hatten, ist kaputt. Unser ganzes Leben – ein Scherbenhaufen.

Beppo: *(betrachtet sein Werk und schaut auf die Uhr)* Mein Werk ist vollendet. Morgen früh um sechs muss ich zum letzten Mal hierher. Dann werde ich die Figuren in die Marktkirche schaffen. *(Beppo stellt die Figuren zusammen und schließt die Hütte. Dann verabschiedet er sich von Eleonore und Pascal mit Handschlag und geht.)* Tja, dann wünsch' ich euch alles Gute. Und dass euch bald mal ein Engel erscheint!

Eleonore: Nett, dieser Beppo. – Und ein großer Künstler. *(sie zählt das Geld im Hut)* Immerhin 6,22 Euro. An Weihnachten geben die Leute mehr als sonst.

Pascal: Davon kaufen wir uns was Schönes zum Fest. *(Sie gehen mit ihrer Decke und ihrem Hut von dannen.)*

Lied: »Die Nacht ist vorgedrungen«

3. Szene

Die Krippenfiguren sind hinter dem Stall.
Requisiten: ein Gong und die Geschenke der Könige: Weihrauch (evtl. ein paar Räucherstäbchen), Myrrhe (evtl. ein Salbtöpfchen) und Gold (z.B. eine goldene Weihnachtsbaumkugel)

SPRECHER: Es ist Nacht geworden auf dem Weihnachtsmarkt. Alle Händler haben ihre Verkaufsstände geschlossen und sind nach Hause gegangen – auch Beppo. Eine geheimnisvolle Ruhe liegt über der Nacht zum 24. Dezember. Aber die Nacht vor dem Heiligen Abend ist ja immer eine ganz besondere, sagt man. *(Man hört eine Uhr einmal schlagen.)* Horcht! Kommt da nicht jemand gelaufen? *(Der reiche Herr aus der 1. Szene kommt gelaufen.)*

HERR: Ein Uhr schon! Schrecklich! Ich kann nicht schlafen. So viele Gedanken gehen mir durch den Kopf. Wie soll ich nur mein Geld anlegen? Vier Mietshäuser habe ich und ein Hotel. Doch nichts als Ärger. – Vielleicht sollte ich Aktien kaufen? – Aktien! Ich weiß nicht. Das ist so riskant! ... Was soll ich nur mit meinem Geld tun? *(setzt sich auf eine Bank. Die Uhr schlägt zweimal. Da kommt die Mutter – ohne ihre Tochter Lisa.)*

MUTTER: Zwei Uhr! Ich kann einfach nicht zur Ruhe kommen. Vielleicht tut mir ja die Luft gut.
Weihnachten muss man aber auch an so viel denken! *(setzt sich auf die andere freie Bank.)* Lisas Geschenke sind eingepackt. Für meine Mutter hab' ich immer noch nichts gefunden. Der schreib' ich 'nen Gutschein. Soll sie sich selber was kaufen. Nach Weihnachten. Da ist sowieso alles billiger. – Hab' ich auch an alles fürs Fest gedacht? – Die Wohnung ist blitzeblank, die Suppe vorgekocht. Die Gans ist im Kühlschrank, das Rotkraut ... *(gähnt)* Wenn ich bloß schlafen könnte! Vielleicht tut mir ja die kalte Luft gut. *(zieht den Mantel enger und setzt sich auf eine Bank. Die Uhr schlägt drei. Sie sieht Eleonore und Pascal kommen).* Da sind ja wieder diese hergelaufenen Bettler. Hoffentlich setzen die sich nicht neben mich.

Eleonore: Ich bin ganz durchgefroren, Pascal.

Pascal: *(legt den Arm um sie)* Ist's so besser, Eleonore?

Eleonore: Danke. Ach, was gäbe ich für ein schönes, warmes Zuhause! *(Eleonore und Pascal setzen sich auf die letzte freie Bank neben der Hütte. Währenddessen öffnet ein Engel die Hütte. Maria und Josef treten hervor. Eleonore zeigt auf Maria und Josef.)*

Eleonore: *(ganz erstaunt)*
Jesus und Maria! Beppos Figuren! Die sind ja lebendig!

Pascal: Pssst!

Maria: Ich bin ganz durchgefroren, Josef

Josef: *(legt den Arm um sie)* Ist's so besser, Maria?

Maria: Danke. Ach, was gäbe ich für ein schönes, warmes Zuhause!

Josef: Da drüben ist Bethlehem. Da werden wir sicher eine Herberge finden. *(Sie gehen weiter zur Bank, wo die Frau sitzt. Der Herbergswirt – oder eine Wirtin – tritt hinter sie und Josef spricht ihn/sie an. Die Frau sitzt still da und merkt nichts.)* Haben Sie vielleicht ein Zimmer für mich und meine Frau? Meine Frau bekommt bald ihr Baby.

Wirt(in): *(schaut die beiden von oben bis unten an)* Tut mir Leid. Ich habe ein ruhiges und sauberes Haus. Eine Geburt und ein Baby – das schafft Unruhe und Dreck.
(Maria und Josef gehen zur Bank, auf der der Herr sitzt, und klopfen da an. Der Herbergswirt tritt hinter den Herrn. Der starrt ins Leere. Er bekommt offensichtlich nicht mit, was sich da tut.)

Josef: Bitte entschuldigen Sie! Haben Sie vielleicht ein Zimmer für mich, meine Frau und mein Kind, das bald auf die Welt kommt?

Wirt: Können Sie zahlen? Meine Zimmer kosten pro Nacht zwischen 100,- und 500,- Euro.

Josef: Sehen Sie nicht? Wir sind arm. Wir können nicht so viel zahlen.

Maria: Bitte, helfen Sie uns!

Wirt: *(zeigt auf Beppos Hütte)* Vielleicht reicht euch der alte Stall da drüben? Den will ich sowieso bald abreißen und Wohnungen dorthin bauen.

Josef: Danke. Das ist besser als nichts.
(Maria und Josef gehen zu dem Stall.)

Maria: *(seufzt)* In einem Stall soll unser Kind zur Welt kommen! Gottes Wege sind doch sonderbar.

(Die vier Hirtenfiguren kommen hinter der Hütte hervor und kauern sich auf den Boden vor Pascal und Eleonore.)

1. Hirte: Schrecklich kalt ist das heute auf der Weide. Wenn wir nur wärmere Kleider hätten!

2. Hirte: Da hilft auch kein Feuer. Wie beneide ich Menschen in der Stadt. Die können zu Hause am warmen Kamin sitzen.

3. Hirte: Und was essen. Mir knurrt der Magen. Noch nicht mal ein Stück Brot haben wir.

4. Hirte: *(schaut nach oben)* Die Sterne haben heute einen so seltsamen Schimmer, findet ihr nicht? Vor allem der da *(deutet nach oben)* leuchtet ungewöhnlich hell.

(In diesem Augenblick wird es hell, und die Hirten verdecken mit den Händen ihr Gesicht, auch Eleonore und Pascal. Nur der reiche Herr und die Frau kriegen nichts mit. Der Herr fragt während des folgenden Liedes immerzu: »Wie lege ich nur mein Geld an?« Die Frau: »Hoffentlich habe ich an alles gedacht.« Dann schlafen sie ein.)

Lied und Tanz der Engel: »Unheimlich still ist diese Nacht«

(Siehe: Lieder zu den Weihnachtsspielen S. 131)

Engel: Ihr Hirten, fürchtet euch nicht.
Ich bringe euch eine frohe Botschaft:
In einem Stall in Bethlehem
ist ein Kind zur Welt gekommen.
Arm ist es, – arm wie ihr.
In einer Krippe muss es liegen, weil es keine Wiege hat,
kein Bett.
Und doch ist mitten in der Armut Gott zu finden.
Seht ihr den Stern dort am Himmel? Folgt ihm!
Er führt euch direkt zu Jesus, dem Gotteskind.
Euch ist heute der Heiland geboren.
Lauft, ihr Hirten, lauft!
Ab heute wird sich euer Leben ändern!

Gemeinde singt: »Vom Himmel hoch ...«

(Die Hirten erheben sich.)

1. Hirte: Wer war das? Ein Engel?

2. Hirte: Ein Bote Gottes!

4. Hirte: Reichtum hat er uns nicht versprochen.

3. Hirte: Auch von Essen hat er nichts gesagt.

4. Hirte: Und dennoch ahne ich: Ab heute wird nichts mehr so wie früher sein.

3. Hirte: Ja. Ich fühle mich plötzlich so froh und glücklich wie noch nie. – Wie neugeboren!

2. Hirte: Ein Neugeborenes soll uns Hoffnung geben!

1. Hirte: Kommt! Beeilt euch! Ich bin ja schon so gespannt auf dieses Kind und seine Eltern. *(Die Hirten und die beiden Obdachlosen laufen los zum Stall und klopfen an.)*

Josef: Herein! *(Die Hirten treten ein.)*

1. Hirte: Guten Abend. Entschuldigt bitte, dass wir hier einfach so eindringen. Aber wir sind gekommen, weil wir ...

2. Hirte: ... weil wir euch zu eurem Kind gratulieren wollen.

Maria: Woher wisst ihr denn von unserem Kind?

3. Hirte: Vielleicht denkt ihr, wir spinnen. Aber wir haben einen Engel draußen auf der Weide gesehen.

4. Hirte: Ja. Und der hat zu uns gesprochen – zu uns **allen**. Wir alle haben ihn gehört und gesehen.

1. Hirte: »Euch ist heute der Heiland geboren«, hat er gesagt.

3. Hirte: Und er hat uns einen Stern gezeigt. Ihm sollten wir folgen.

2. Hirte: Und so sind wir hierher gekommen.

Maria: Das ist schön. Auch mir hat ein Engel vor vielen Monaten angekündigt, dass ich ein Kind bekommen werde. »Dieses Kind wird ein Kind Gottes sein«, sagte er. Und nun war dieser Engel auch bei euch? Wie wunderbar!

Josef: Und ihr wundert euch nicht, dass Gottes Kind so arm in einer Krippe liegt?

4. Hirte: Nein. Wenn es Gott wirklich gibt, dann muss er doch auch für uns Arme da sein.

3. Hirte: Stimmt! – Die Menschen beschimpfen uns immer. »Gesindel« und »Pack« sagen sie. Sie denken, wir würden nichts arbeiten. Dabei sind wir Tag und Nacht draußen bei den Schafen. Für einen Hungerlohn.

2. Hirte: Der Besitzer der Schafherden zahlt uns so wenig, dass wir oft tagelang nichts zu essen haben. Aber wen kümmert das schon? Jeder ist nur mit sich selber beschäftigt.

1. Hirte: Bisher dachte ich: Das ist eben so. So ungerecht hat Gott eben die Welt erschaffen. *(denkt nach)*
Aber vielleicht ist **Gott** ja nicht schuld. Die **Menschen** sinds! Sie lassen Unrecht und Gewalt zu statt Frieden und Gerechtigkeit zu schaffen.

Maria: Die Kleinen will Gott groß machen, und die Schwachen stark, sagte der Engel damals zu mir.
Das Herz der Hartherzigen will er weich machen und die Ängstlichen mutig.
Sie sollen ihren Mund auftun gegen alle Gemeinheit und Ungerechtigkeit der Welt.
Und das gilt ein für allemal – auch noch in 2000 Jahren.

Eleonore: In 2000 Jahren, sagt Maria?

Pascal: Aber bestimmt nicht für **alle** Menschen, nicht für uns!
(Während des Gesprächs kommen Kaspar, Melchior und Balthasar zu der Hütte gelaufen.)

Kaspar: Für alle Menschen, für alle Zeit,
für jedes Land, ob nah, ob weit.

Melchior: Ein ungeheuer heller Stern,
erhellte unser Land von fern.
Keiner von den weisen Leuten
konnte dieses Zeichen deuten.

Balthasar: Auch wir waren davon fasziniert,
haben in vielen Schriften studiert,
bis wir wussten: Wir sollten dorthin gehen,
wo der Stern besonders deutlich zu sehen.
Hier würden wir ein Baby finden,
es würde eine neue Zeit ankünden,
es würde die ganze Welt verändern.

Kaspar: Wir sahen den Stern dann in vielen Ländern.
Je näher wir aber an Bethlehem waren,
desto klarer wir ihn am Himmel sahen.

Melchior: Doch wir dachten: Es muss ein Königskind sein.
und schlugen die falsche Richtung ein.

Nach **Jerusalem**, zu König Herodes, gingen wir,
weil wir das Baby glaubten **hier**.

BALTHASAR: Doch der wusste von nichts und schaute nur dumm.
Unsympathisch war der. Wir kehrten um.
Nun sahen wir nur auf den Stern im All
und ließen uns führen – hierher zum Stall.

KASPAR: Da sind wir nun – und können verstehn,
dass die neue Zeit muss von hier ausgehn,
von der Armut, dem Elend an diesem Ort.

MELCHIOR: Denn nur da erfüllt sich Gottes Wort,
wo der Arme und Traurige Hoffnung kriegt
und niemand ihn um das Leben betrügt.

BALTHASAR: Wir sind so froh, denn wir sind da,
Kaspar, Melchior, und ich, der Balthasar.
Und wir hoffen, das Kind wird zu allen Zeiten
in der ganzen Welt Frieden und Liebe verbreiten.
(Kaspar, Melchior und Balthasar überreichen dem Kind ihre Geschenke. Da schlägt die Uhr sechs. Augenblicklich verschwinden die Figuren in der Hütte und erstarren. Der Engel verschließt die Hütte. Beppo erscheint.)

Lied (z.B.): »Uns wird erzählt von Jesus Christ«

4. Szene

BEPPO: *(gähnt)* Ach, was bin ich noch so müde. *(gähnt wieder)* Aber bis 10.00 Uhr muss ich die Figuren in der Kirche aufgebaut haben. Da steht mir noch ein hartes Stück Arbeit bevor.
Hallo, Eleonore und Pascal. Schon so früh auf den Beinen?

PASCAL: Ja. Wir konnten nicht schlafen.

ELEONORE: Stell dir mal vor, Beppo, was wir eben erlebt haben! Deine Figuren waren lebendig, richtig lebendig! Sie haben uns die Weihnachtsgeschichte vorgespielt.

BEPPO: Ich habe euch ja gesagt, dass sie leben.

FRAU: *(steht auf und mischt sich in das Gespräch ein)* Die spinnen doch. Glauben Sie doch solchen Menschen nicht!

PASCAL: Erlauben Sie mal! Wir sind anständige Leute!

MUTTER: Ph! Gesindel! Pack! Nichts schaffen! Aber lügen wie gedruckt. Schließlich habe ich die ganze Zeit da drüben auf der Bank gesessen. Ich hätte ja wohl was mitbekommen!

BEPPO: Vielleicht **konnten** Sie nichts merken!

MUTTER: Wie meinen Sie das? Ich habe doch schließlich Augen und Ohren! *(Sie schaut zu dem Herrn auf der Bank.)* Hallo, Sie da!

HERR: Meinen Sie **mich**?

MUTTER: Ja, Sie. Haben Sie vielleicht heute Nacht irgendwas Besonderes bemerkt?

HERR: Ich? Was soll ich denn bemerkt haben?

BEPPO: Dass meine Krippenfiguren lebendig waren.

HERR: *(lacht und kann fast nicht mehr aufhören)*
Hahahahaha! Krippenfiguren! Lebendig. Hahahahaha! Sie glauben wohl an Märchen!

MUTTER: Da hören Sie's!
(Die Frau geht zu dem Mann herüber. Man sieht, wie sie über Beppo und die beiden anderen tuscheln.)

BEPPO: *(zu Eleonore und Pascal)* Macht euch nichts draus. – Es gibt Menschen, die merken nie was von dem Glanz, der über unserm Leben liegt und unserm Alltag Licht und Wärme gibt. Nichts ist ihnen heilig, und nirgendwo können sie Wunder entdecken. Dabei ist unsere Welt voller Wunder!

ELEONORE: Ich weiß, was du meinst, Beppo. Ich merke, wie das Erlebnis heute Nacht die Scherben unsres Lebens zusammenfügt.

PASCAL: Mich erschrecken Menschen wie die zwei *(zeigt auf den Mann und die Frau, die gerade weggehen)*, die nur an sich selber denken. Du aber, Beppo, machst mir Mut. Du hältst an der alten Weihnachtsbotschaft fest: »Gott hat der Welt das Heil gebracht.« Ich will mit dir auf die Suche nach dem Heil gehen, Eleonore.

ELEONORE: Ja, lieber Pascal. Wir haben es in dieser Nacht gefunden. Es wird wohl auch am Tag zu finden sein. Gehen wir.

BEPPO: Aber erst mal sollt ihr heute, an Heiligabend, meine Gäste sein. Ich habe zwar nur eine bescheidene Zweizimmerwohnung – vollgestellt mit Figuren, aber ...

PASCAL: Lauter Krippenfiguren?

BEPPO: Nicht nur. Doch alle haben was mit Jesus zu tun. Ich habe z.B. Johannes den Täufer, Maria Magdalena und Petrus gemacht, aber auch Frauen und Männer, die im Namen Jesu viel Gutes getan haben: Franz von Assisi oder Martin, der seinen Mantel teilte und viele mehr.

ELEONORE: Und du verkaufst sie **nie**?

BEPPO: Nein. – Das wäre so, als würde ich ein Stück von mir verkaufen. Doch ich reise von Stadt zu Stadt, von Land zu Land und stelle sie aus – in Kirchen, in Rathäusern und Museen, auf dem Weihnachtsmarkt. Und wer sie richtig anschaut, für den sind sie lebendig, wie für euch. Aber man muss sie **wirklich ansehen** – so wie ihr. Nicht mit den Augen des Käufers, der fragt, wie viel sie wert sind. Nicht mit den Augen des Eiligen, der kurz stehen bleibt und meint: »Wie schön« und sie im nächsten Augenblick vergisst, weil er sie nur oberflächlich angeschaut hat. –
Nun aber genug! Sagt endlich: Wollt ihr meine Gäste sein?

PASCAL: Na klar, sehr gerne.

ELEONORE: Danke, Beppo. Ich bin schon so neugierig auf deine anderen Figuren.

BEPPO: Erst aber muss ich an die Arbeit gehen und die Krippenfiguren in die Marktkirche räumen.

PASCAL: Das brauchst du nicht allein zu tun. Wir helfen dir dabei!
(Sie machen sich an die Arbeit und führen die Figuren auf ihre Plätze in der Kirche.)

2006 NSch
2007 NSch

Kleines Hirtenspiel

Personen: Sprecher, 4 Hirten, Engel, Maria und Josef
Requisiten: ein angedeutetes Feuer (zusammengebundene Stöcke), ein Kartenspiel, eine Decke, eine Kassette mit Hundegebell und Kassettenrekorder
Dauer: ca. 10 Minuten

SPRECHER: Die Kinder hier vorne begrüßen heute
von Herzen euch, alte und junge Leute.
Ein Spiel haben wir uns ausgedacht,
was die Hirten erlebten in jener Nacht,
als Jesus Christus geboren war.
Hört und seht, was damals geschah. –
(Die Hirten liegen vorne rund um ein angedeutetes Feuer.)
Es ist schon spät. Die Hirten wollen schlafen.
Sie liegen am Feuer bei ihren Schafen.

1. HIRTE: *(setzt sich auf und schaut hoch)*
Die Nacht ist kalt, der Himmel klar.
Seht nur die Sterne! Wie wunderbar!

2. HIRTE: *(Auch die anderen setzen sich auf und blicken zum Himmel.)*
Ein Stern, der leuchtet besonders schön,
als würde er dicht über der Erde stehn.

3. HIRTE: Ein merkwürdiger Stern – fürwahr!

4. HIRTE: Ich weiß nicht – mir ist heut' so sonderbar,
als müsste ich noch auf etwas warten.
Ich kann noch nicht schlafen.
(zieht ein Kartenspiel aus der Hosentasche)
Wer spielt mit mir Karten?

1. HIRTE: *(gähnt)*
Nein! Mir fallen schon die Augen zu.
Ich sehne mich nach verdienter Ruh.
Ein harter Tag steht uns wieder bevor.
Da lege ich mich lieber auf mein Ohr.
Doch spielt ihr nur. Ich leg mich da drüben nieder.

(nimmt seine Decke und legt sich etwas abseits nieder)

3. HIRTE: *(Der 4. Hirte hält ihm die Karten hin; der 3. Hirte wehrt ab)*
Lass mal. Meine Gedanken gehn immer wieder
zu meiner Frau und meinem kranken Kind.
Wenn ich könnte, würde ich zu ihnen gehen geschwind.

2. HIRTE: *(Auch ihm hält der 4. Hirte die Karten hin.)*
Leg sie weg! Auch ich habe Sorgen
und mag nicht denken an morgen.
Der Wolf hat mir gestern fünf Schafe gerissen.
Da wird' auf den Lohn ich verzichten müssen.
Mein Herr hat keine Nachsicht mit mir.
(Man hört von Kassette Hunde bellen. Der 2. Hirte springt erschrocken auf)
Horcht! Die Hunde! Da ist wieder ein wildes Tier!

4. HIRTE: *(steckt die Karten weg und geht nachsehen)*
Bleib! Ich werd'nachsehn.
(kommt nach kurzer Zeit wieder)
Die Schafe im Pferch sind ganz still.
Doch der Hasso bellt wie verrückt. Was der nur will?
(In diesem Moment wird es ganz hell. Die Hirten halten sich schützend die Hände vor die Augen. Ein Engel erscheint.)

Lied: »Vom Himmel hoch, da komm ich her«, Strophe 1–3

ENGEL: Fürchtet euch nicht, sondern freuet euch.
Eine frohe Botschaft euch heute erreicht.
Ein Kind wurde in dieser Nacht geboren,
von Gott zum Retter der Welt auserkoren.
Jesus heißt es – noch ists arm und klein.
Doch bald wirds der Heiland der Menschen sein.
In der kleinen Stadt Bethlehem sollt ihrs finden.
Ihr sollt die Nachricht dann weiterverkünden.
In eine Krippe im Stall wurde das Kind gelegt.
Beeilt euch! Der Stern dort erhellt euch den Weg.

Lied: »Vom Himmel hoch«,
Strophe 15: »Lob, Ehr sei Gott im höchsten Thron«

(Kurze Stille. Dann setzt sich der 3. Hirte benommen auf.)

3. HIRTE: Das war ein Engel. – Habt ihrs auch gehört,
was diese herrliche Nacht uns beschert?
Wie froh bin ich! Keine Angst mehr vor morgen.
Verschwunden sind plötzlich Kummer und Sorgen.

4. HIRTE: Ja. Die ganze Welt scheint wie verwandelt.
Doch Schluss mit dem Staunen. Jetzt wird gehandelt.
Vergesst die Brotbeutel nicht und die Hirtenstäbe.

2. HIRTE: Und die Schafe?

4. HIRTE: Keine Sorge. Die übergebe
ich ganz der Aufsicht unserer Hunde.
Denn das fühl' ich gewiss in dieser Stunde,
in dieser wunderbar heiligen Nacht:
Unsere Tiere werden gut bewacht.
Bei solch einem hellen Sternenschein
traut sich kein wildes Tier in den Pferch hinein.

2. HIRTE: Aber unsern Freund weck' ich noch auf.
Geht ihr nur vor in ruhigem Lauf,
dann holen wir euch sicher ein.
Wenn nicht, geht nur in den Stall hinein!
(Die anderen eilen davon. Der 3. Hirte geht zum liegenden 1. Hirten.)

2. HIRTE: Wach auf! Du darfst nicht länger schlafen!

1. HIRTE: *(schreckt hoch und reibt sich verschlafen die Augen)*
Wie? – Was? – Was ist mit den Schafen?

2. HIRTE: Komm mit! Beeil dich! Schnell!

1. HIRTE: Mir träumte, eben war es hell.
Die ganze Welt war voller Licht!

2. HIRTE: Die Wahrheit wars! Ein Traum wars nicht!
Ein Engel stand vorhin da vorn.
Er sprach: »Ein Kind ist heut geborn,
der Retter der Menschen, Jesus Christ,
der euch zum Heil gekommen ist.«
Beeil dich! Die andern sind schon fort.

1. HIRTE: Wohin denn? Wo? An welchem Ort?

2. HIRTE: In Bethlehem, der kleinen Stadt.
In einem Stall er Herberge hat.

1. HIRTE: Der Retter der Menschen? So arm und klein?

Nein, nein. Das muss doch ein König sein,
ein mächtiger Herrscher mit Szepter und Kron,
der wird sitzen auf einem Königsthron.

2. HIRTE: Sei still! Gottes Wege sind uns oft verborgen.
Nun mach schon! Da hinten naht schon der Morgen.
Hast du schon einmal die Augen gehoben?
Den Weg zeigt uns der Stern da oben.
(Der 1. Hirte hängt sich die Decke über, auf der er geschlafen hat. Sie eilen fort.)

Lied (z.B.): »Kommet, ihr Hirten, ihr Männer und Fraun«

SPRECHER: Erwartungsvoll eilen die beiden fort.
Sie treffen die anderen an dem Ort,
den der Engel ihnen hat gewiesen.
Hört und seht, wie sie das Wunder priesen.

4. HIRTE: Entschuldigt, dass wir so ungebeten
in diesen Stall sind eingetreten.

3. HIRTE: Ein Engel hat uns die Botschaft gebracht,
ein Kind sei geboren in dieser Nacht.

2. HIRTE: Geschenke können wir leider nicht geben.
Wir müssen wie ihr ja in Armut leben.

1. HIRTE: Nehmt eine der Decken, auf denen wir schlafen,
wenn wir nachts liegen bei den Schafen.
(reicht seine Decke Maria)

ALLE: Und nun lasst uns sehen das göttliche Kind,
das zu preisen wir gekommen sind.
(Maria weist zur Krippe hin. Die Hirten schauen hinein und knien dann nieder.)

2. HIRTE: Jesus, o Christus, so arm und so reich,
so göttlich und doch allen Menschen gleich.

3. HIRTE: Nicht Hass und Feindschaft wirst du schüren.
In Liebe und Freundlichkeit wirst du regieren.

1. HIRTE: Wir spürtens genau auf dem Weg zum Stall:
Dieses Kind wird regieren das Weltenall.

4. HIRTE: Wir werdens verkünden fern und nah:
»Christus, der Retter ist da!«

Maria: Wir danken dir, du Hirtenschar.
Euch einfachen Leute, so wunderbar
wie Dichtern hat Gott euch Worte gegeben,
zu begrüßen dieses neue Leben.

Josef: Wir freuen uns, dass ihr gekommen seid.
Hoffentlich sind viele Menschen bereit,
sich durch Jesu Geburt ändern zu lassen:
Liebe zu üben und nicht zu hassen –
Und das für alle, alle Zeiten.
Helft mit, Gottes Herrschaft vorzubereiten.
(Die Hirten verbeugen sich und gehen.)

Lied: »Hört der Engel helle Lieder«

Sprecher: Die Hirten erfüllten ihren Auftrag gut.
Viele Menschen bekamen dadurch Mut,
nach Christus zu suchen und ihn zu finden,
ihr Leben ganz an ihn zu binden.
Noch heute spüren wir die Freude,
die damals erfüllte die Hirtenleute.
Ob wir diese Freude verbreiten können,
damit Liebe und Frieden in den Herzen brennen?

Susannas Geheimnis

Ein Weihnachtsspiel in acht Szenen

Es wirken mit: Erzähler, Susanna, Mutter, Vater, Ephraim, Samuel, Michael, Rabbi, 1. Kind, 2. Kind, 1. Mann, 2. Mann, 1. Frau, 2. Frau, Elieser, Bote, Soldaten Maria, Josef, 1. – 3. Hirte, Engel und kleine Engel, 1. – 3. König
Manche Spieler können auch zwei Rollen übernehmen: so können 1. und 2. Kind, 1. und 2. Frau, 1. und 2. Mann auch Hirten bzw. Könige spielen; auch der Rabbi kann einen König oder einen Hirten spielen.
Dauer: ca. 30 Minuten

Lied: »Vor langer Zeit in Bethlehem«

(siehe: Lieder zu den Weihnachtsspielen S. 132)

1. Szene

Requisiten: ein Besen, drei Täfelchen aus braunem Ton, auf die die drei Texte (s. u.) geklebt sind.

ERZÄHLER: Ich möchte euch eine Geschichte erzählen aus einer Zeit vor rund zweitausend Jahren, als es noch keinen Strom gab, keine Heizung, keine Autos, kein Telefon, keine Computer und noch nicht mal Bücher, wie wir sie kennen. Es gab nur Pergamentrollen und Tontafeln, in die man Buchstaben ritzte.
Meine Geschichte spielt in Israel, einem Land weit weg von hier. Es wurde vor vielen Jahren von den Römern erobert. Sie regierten dort mit grausamer Macht und waren sehr verhasst.
Die Menschen in Israel hielten fest an ihrem Glauben an Gott und beteten immer wieder um Frieden.
(Susanna kommt mit einem Besen und fängt an zu kehren.)
Da ist Susanna. Sie ist zehneinhalb Jahre alt. Ihr Vater heißt Kaiphas und besitzt eine große Herberge am Rand von Bethlehem.

Susanna hat zwei Brüder, Ephraim und Samuel. Die sind gerade in der Schule. Susanna darf nicht zur Schule, weil sie ein Mädchen ist. Sie muss ihrer Mutter bei der Hausarbeit helfen und die Gäste bedienen. – Ach, da kommt ja ein Gast.

(Michael kommt und spricht mit Susanna.)

Er ist erst heute Morgen angekommen. – Merkwürdig, er spricht Susanna einfach an. Dabei gehört sich das gar nicht für einen Fremden.

MICHAEL: In eurer Herberge kann man sich wohl fühlen. Na ja, kein Wunder bei solch einer fleißigen Tochter. – Wie heißt du denn?

SUSANNA: Susanna. Und du?

MICHAEL: Michael.

SUSANNA: Und wo kommst du her?

MICHAEL: Aus Hebron. Ich bin schon drei Tage unterwegs. Übermorgen werde ich weiterreisen.

SUSANNA: Und wohin?

MICHAEL: Nach Qumran, ans Tote Meer. Ich habe extra meine Schusterwerkstatt verkauft. In Qumran gibt es Menschen, die leben anders als wir. Die glauben an Gott und halten seine Gebote.

SUSANNA: Ich kenne auch viele Menschen, die an Gott glauben.

MICHAEL: Aber sie **vertrauen** ihm nicht. In den alten Schriften steht: »Gott wird uns einen Retter schicken.« Aber die meisten wollen nicht warten. Sie wollen die Römer selber aus dem Land treiben.

SUSANNA: Ich würde auch gerne in den alten Schriften lesen. Aber ich darf ja nicht.

MICHAEL: Ich finde es ungerecht, dass Mädchen nicht zur Schule dürfen.

SUSANNA: Ich auch.

(Sie reden pantomimisch weiter, während der Erzähler spricht.)

ERZÄHLER: Susanna mag Michael. Er ist anders als die Männer, die sie kennt. Wenn er redet, blitzen seine Augen wie das Gold auf dem Jerusalemer Tempeldach.

(Michael winkt Susanna zum Abschied zu und geht weg.)

Erzähler: Am Tag nach dem Gespräch mit Michael ruht sich Susanna in der Mittagszeit im Stall aus. *(Susanna setzt sich im Stall aufs Stroh.)* Das macht sie jeden Tag. Hier kann sie wenigstens mal alleine sein. Denn sie hat kein eigenes Zimmer. In Israel hat jede Familie nur einen einzigen Raum, in dem alle schlafen. Im Winter wird dort auch gearbeitet und gegessen. Im Sommer spielt sich das Leben meistens im Freien ab.

Während Susanna im Stall sitzt, klopft es an die Tür. *(Michael klopft an.)*

Michael: Hallo, Susanna. Morgen früh reise ich ab. Aber hier ich habe was für dich: Ein Tontäfelchen. Auf dem steht das ganze Alphabet.

Susanna: Aber ich kann doch nicht lesen.

Michael: Du kannst es lernen, denn du bist ein kluges Mädchen. Ich erkläre dir die Buchstaben. *(Pantomimisches Gespräch zwischen den beiden, als würde Michael Susanna die Buchstaben erklären.)*

Erzähler: Zwei Stunden lang übt Michael mit Susanna und freut sich über ihre Gelehrigkeit. Susanna kann schon bald mit den Buchstaben kleine Wörter zusammensetzen. Als Michael sich von ihr verabschiedet, schenkt er ihr noch zwei Tontäfelchen.

Michael: Ich wünsche dir, dass du sie bald lesen kannst. Auf Wiedersehen, Susanna. Ich werde dich nie vergessen.

Susanna: Ich dich auch nicht. Und ich werde richtig lesen lernen, das verspreche ich dir. Auf Wiedersehen!

Erzähler: Susanna versteckt die Täfelchen in der Krippe unter Heu und Stroh. *(Susanna versteckt die Täfelchen.)* Ihre Eltern dürfen nichts davon wissen. Sie würden sie ihr wegnehmen. Von nun an übt sie, so oft sie kann. Doch es ist gar nicht so einfach, sich das Lesen beizubringen. Viele Buchstaben, die ihr Michael gezeigt hat, hat sie schon wieder vergessen. Manchmal fragt sie ihre Brüder. Die schreiben ihr dann ein paar Buchstaben draußen in den feuchten Lehmboden. Doch wenn sie genauer nachfragt, lachen sie: »Hör auf. Du bist doch nur ein Mädchen.«

2. Szene

Requisiten: eine Feuerstelle (man kann große Zweige oben zusammen binden, aufstellen und daran einen runden Rost an Seilen befestigen), eine Tonschüssel, Salzteig-Fladenbrote, ein Holzbrett, ein Wasserkrug, eine Schüssel mit Obst

(Susanna nimmt eine Schüssel mit Salzteigbroten und tut so, als würde sie Teig kneten, dann legt sie die Salzteigbrote auf den Rost. Die Mutter deckt den Tisch. Dabei unterhalten sich die beiden.)

SUSANNA: Warum habe ich nicht eine Schwester, die mir helfen kann? Stattdessen hab' ich zwei blöde Brüder.

MUTTER: Susanna! Sprich nicht so über Ephraim und Samuel!

SUSANNA: Es stimmt! Immer ärgern die mich. »Du bist ja nur ein Mädchen!«, sagen sie.

MUTTER: Aber du bist doch auch nur ein Mädchen.

SUSANNA: Ich denke, Gott hat uns alle gleich geschaffen! *(Dabei wirft sie einen Brotfladen mit Schwung auf das Holzbrett, so dass er daneben fällt. Schnell bückt sie sich, um ihn aufzuheben, doch sie lässt ihn gleich wieder fallen.)* Aua! Verflixt! Ist das heiß.

MUTTER: *(lacht sie aus)* So eine ungeschickte Frau kann kein Mann gebrauchen.

(Susanna stößt wütend die Schüssel mit dem Teig weg und läuft davon.)

MUTTER: Susanna. Lauf doch nicht weg! *(schüttelt den Kopf und winkt den Brüdern von Susanna, die nach vorne kommen und an einige Zuschauer Obst oder Nüsse aus der Schüssel verteilen. Der Vater kommt dazu. Die Mutter erzählt ihm pantomimisch, was mit Susanna ist und deutet zum Stall. Der Vater geht mit Riesenschritten dorthin.)*

ERZÄHLER: Susanna weiß selber nicht, was mit ihr los ist. Sie rennt einfach davon. Dabei wird sie gebraucht. Susannas muss die Gäste bedienen, ihnen Wasser einschenken und frisches Brot und Früchte anbieten. Und jetzt muss ihre Mutter alles alleine machen. Susanna hat ein ganz schön schlechtes Gewissen.

SUSANNA: Ach was! Sollen doch meine blöden Brüder helfen! Immer muss **ich** die ganze Arbeit tun. Und die feinen Herren

	dürfen zur Schule. Als hätte ich keinen Grips im Hirn! Aber da täuschen die sich!
	(Der Vater tritt in den Stall.)
VATER:	Susanna! Geh sofort zu deiner Mutter!
SUSANNA:	*(erhebt sich)* Ich lasse mich nicht beleidigen!
	(Kleinlaut folgt sie ihrem Vater zur Mutter.)
EPHRAIM:	Na endlich! *(drückt Susanna den Korb mit Brot in die Hand, Samuel gibt ihr die Schüssel mit Früchten)*
SAMUEL:	Wegen dir kommen wir zu spät zur Schule!
VATER:	Ich begleite euch. Ich muss noch zu Elieser.

3. Szene

Während der Erzähler spricht, wird vorne alles weggeräumt und ein Schild mit der Aufschrift »Vor der Synagoge von Bethlehem« aufgestellt, rechts davon ein Schild mit der Aufschrift »Zimmermannswerkstatt von Elieser«. In die Mitte kommt ein Hocker. 1. und 2. Kind, 1. und 2. Frau und 1. und 2. Mann und der Rabbi treten davor und tun so, als würden sie sich aufgeregt unterhalten und jemanden erwarten. Requisiten außerdem: Für den Boten eine Pergamentrolle (aus zwei Stäben und Butterbrotpapier) Hinten drauf ist der Text der Botschaft des Kaisers geklebt.

ERZÄHLER:	Der Vater begleitet seine Söhne zur Schule. Er will zu Elieser, dem Zimmermann, der seine Werkstatt direkt hinter der Schule hat, um bei ihm einen neuen Pflug zu bestellen. Denn der alte ist morsch.
	(Der Vater und seine zwei Söhne laufen in einem großen Bogen durch den Raum und unterhalten sich.)
SAMUEL:	Wegen Susanna kommen wir noch zu spät.
EPHRAIM:	Ja. – Aber schaut! Was ist auf dem Platz vor der Schule los? So viele Menschen! – Da steht auch unser Lehrer. *(Die beiden Jungen und der Vater begrüßen den Rabbi mit Handschlag.)*
ALLE:	Guten Tag!
VATER:	Was ist denn hier los?
RABBI:	Gleich wird ein Bote des Kaisers erwartet. Ach, da kommt er ja.
	(Ein Bote kommt mit eine Papierrolle angelaufen. Die Leute fangen an zu reden.)

1. KIND: Was der nur will?

2. KIND: Ich bin gespannt, was der uns zu sagen hat.

1. MANN: Bestimmt nichts Gutes!

BOTE: *(steigt auf den Hocker)*
Ruhe! Ruhe!
Ich habe euch einen Befehl des Kaisers Augustus vorzulesen! Stellt euch bitte so auf, dass mich jeder hören und sehen kann!
(Er wartet ab, bis die Leute einigermaßen geordnet stehen und entrollt dann seine Pergamentrolle.)
Im Namen des Allmächtigen, des Kaisers Augustus – ehrwürdiger Herrscher des Römischen Reiches: Mitteilung an alle Bürger der römischen Provinzen:
Wie euch allen bekannt ist, müssen die Bewohner Israels dem römischen Kaiser Steuern zahlen. Deshalb muss ab morgen jeder Alleinlebende und jedes Familienoberhaupt mit seiner Familie unverzüglich in seinen Geburtsort gehen. Dort wird sein Name und seine Adresse in eine Liste eingetragen. Denn der Kaiser möchte genau wissen, wie viele steuerpflichtige Untertanen er hat.
Dem Befehl des Kaisers ist sofort zu folgen. Wer der Aufforderung nicht nachkommt, muss mit drastischen Strafen rechnen.
(Er rollt die Rolle wieder zusammen. Die Leute schauen einander an und schütteln die Köpfe.)

1. KIND: Das muss ich gleich meiner Mutter erzählen. Juhu! Wir verreisen!

2. KIND: Schade. Mein Vater ist hier geboren. Wir müssen hier bleiben.

2. MANN: Ich kann doch nicht von eben auf jetzt von zu Hause weg. Wer soll mein Vieh versorgen?

1. FRAU: Mein Mann liegt schwer krank im Bett. Der kann nicht reisen.

2. FRAU: Und mein Mann ist in Joppe geboren. Bis der dort und wieder zurück ist, gehen mindestens zehn Tage drauf. Wovon sollen wir leben, wenn er seine Töpferei schließen muss?

1. MANN: Wir dürfen uns das nicht gefallen lassen! Immer wieder denken sich die Römer was Neues aus, um uns zu demütigen.

2. MANN: Ja. Nieder mit den Römern!

ALLE: Nieder mit den Römern! Nieder mit den Römern!

(Sie stürzen sich auf den Boten. Der läuft weg. Soldaten erscheinen mit Schlagstöcken und zerschlagen die Menge.)

SOLDAT: Auseinander gehen! – Tut, was euch der Kaiser befohlen hat. Sonst seht ihr euch im Gefängnis wieder!

ERZÄHLER: Das ist ein richtiger Tumult in Bethlehem. Die Leute wollen sich die Bosheit des römischen Kaisers nicht gefallen lassen. Aber was sollen sie tun? Der römische Kaiser hat die Macht und tut mit seinem Volk, was er will. Susannas Vater, Ephraim und Samuel sind bei dem Aufstand schnell davongelaufen und stehen nun außer Atem vor dem Geschäft des Zimmermanns Elieser.

SAMUEL: Am besten gehen wir gleich nach Hause.

EPHRAIM: Aber vielleicht ist doch Schule. Wir können ja erst mal gucken.

VATER: Da kommt Elieser! – Von mir aus geht zu Schule. Aber seid vorsichtig!

(Die beiden gehen weg. Vater und Elieser begrüßen einander mit Handschlag.)

VATER: Guten Tag, Elieser

ELIESER: Guten Tag, Kaiphas. Was führt dich zu mir?

VATER: Ich möchte dich bitten, mir einen neuen Pflug zu machen. Mein alter ist schon zehn Jahre alt. Das Holz ist morsch.

ELIESER: Wie viele Zugochsen hast du denn?

VATER: Einen. Ich habe nur ein kleines Getreidefeld für meine Familie und meine Herbergsgäste.

ELIESER: Ich höre, deine Herberge ist die größte von ganz Bethlehem. – Wie viele Gäste hast du denn?

VATER: Zur Zeit dreizehn. Wir leben in unruhigen Zeiten. Die Leute reisen nur, wenn es unbedingt nötig ist.

ELIESER; Da hast du Recht. – Musst du auch in deinen Geburtsort zur Volkszählung?

VATER: Ich bin hier geboren.

ELIESER: Na, dann wirst du sicher bald viele Gäste haben.

Vater: Vielleicht. Ich kenne einige, die hier geboren und inzwischen weggezogen sind.

(Samuel und Ephraim kommen angerannt.)

Samuel: Die Schule fällt aus. Doch wir haben etwas Schreckliches gesehen.

Ephraim: Zwei unserer Schulkameraden, Josua und Sem, wurden schwer verletzt nach Hause getragen.

Vater: Das ist ja furchtbar.

Elieser: Wann wird denn endlich Frieden sein?

(Während der Erzähler spricht, gehen der Vater und seine Söhne weg. Das Schild mit der Aufschrift »Vor der Synagoge von Bethlehem« wird abgebaut.)

4. Szene

Requisiten: ein Wasserkrug, darin einige Porzellan- oder Keramikscherben, ein Putzeimer im Stall (ideal wäre ein Lederpapierkorb)

Erzähler: In den nächsten Tagen kommen unzählige Leute nach Bethlehem zur Volkszählung. Bald sind alle Herbergen überfüllt, auch die von Kaiphas. Drei Zimmer aber bleiben frei: im ersten Stock, mit Zugang zur Dachterrasse. Die kann niemand bezahlen. Sie sind sehr teuer. Susanna und Mutter kommen mit der Arbeit kaum nach. Nur in der Mittagszeit ruhen sie sich ein wenig aus. Heute versucht Susanna zum ersten Mal, eine von Michaels Tontafeln zu lesen.

Susanna: *(liest etwas stockend)*
S-o spri-ch-t d-e-r Pro-phet Je-sa-ja:
De-nn u-ns i-st ein Kin-d ge-bo-ren,
ein Sohn is-t uns ge-ge-ben.
Er wird die Welt be-herr-schen.
Und er hei-ßt: Wun-der-Rat, Go-tt-He-ld,
E-wig-Va-ter, Frie-de-für-st.

(In diesem Moment stürzt Ephraim mit einem Krug zur Tür herein, Samuel hinterher. Susanna erschrickt und kann gerade noch die Täfelchen hinter sich im Stroh verstecken. Ephraim dreht sich um –

und der Krug zerbricht [Tonscherben aus dem Krug schwenken und Krug schnell unter dem Stroh verschwinden lassen].)

SUSANNA: Seid ihr verrückt?

SAMUEL: Oh, das gibt Ärger.

(Susanna holt einen Putzeimer, der im Stall steht.)

SUSANNA: Na los. Macht schon! Hebt wenigstens die Scherben auf!

(Die Brüder bücken sich. Da findet Ephraim Susannas Täfelchen.)

SUSANNA: Halt! Das nicht.

(Sie versucht , ihm die Täfelchen aus der Hand zu reißen.)

EPHRAIM: Was ist denn das? *(liest)*
Sieh mal, was unser Schwesterchen für einen Schatz hat! Einen Text vom Propheten Jesaja.

SAMUEL: Was willst du denn damit? Du kannst doch gar nicht lesen!

SUSANNA: Doch. Ich habs mir beigebracht. Aber verratet mich nicht.

EPHRAIM: Nur, wenn du nicht verrätst, dass wir den Krug kaputtgemacht haben.

SUSANNA: Na gut. Ich werde sagen, ich sei es gewesen.

ERZÄHLER: Die Brüder schauen einander erstaunt an. Wenn sie was kaputtmachen, bekommen sie immer vom Vater zehn bis zwanzig Hiebe auf den Rücken. Die tun ordentlich weh. Und Susanna will das auf sich nehmen, nur, um heimlich lesen zu können? *(Pause)*
Gerade als Susanna zu ihrem Vater gehen will, kommen ihr zwei ziemlich ärmlich gekleidete Personen entgegen.

JOSEF: Entschuldige. Ist hier noch ein Zimmer frei?

SUSANNA: Ich muss meinen Vater fragen.

JOSEF: Bitte. Es ist dringend. Maria erwartet ein Kind.

(Er deutet auf Maria. Da erscheint der Vater.)

VATER: Bei uns ist nichts mehr zu haben. Versuchts doch in der Stadt.

JOSEF: Da waren wir schon. Bitte hilf uns!

VATER: Da ist nichts zu machen.

(Dreht sich um und will zurückgehen. Susanna läuft hinterher und hält ihn fest.)

SUSANNA: Du darfst die Frau nicht gehen lassen. Du hast doch noch drei Zimmer auf dem Dach.

Vater: Bist du verrückt? Sieh dir die Leute an! Die können doch nicht zahlen. *(Er stapft ärgerlich davon. Susanna dreht sich zu Maria und Josef um.)*

Susanna: Kommt mit. Ich hab was für euch.
(Sie führt die beiden zum Stall.)
Hier könnt ihr bleiben.

Maria: Vielen Dank. Ein Stall ist besser als nichts.

Susanna: Ich komm später wieder. Meine Mutter wartet auf mich.

Lied: »Lobt Gott, ihr Christen alle gleich«

5. Szene

Requisiten: evtl. ein Öllämpchen, ein Topf oder eine Schüssel, evtl. leise, meditative Musik von CD oder Kassette

Erzähler: Susanna erhält noch gegen Abend ihre unverdiente Strafe: Zehn Hiebe mit dem Stock für den zerbrochenen Krug. Doch das ist ihr lieber als wenn der Vater ihr die Tontäfelchen wegnehmen würde. In der Nacht, als alle schlafen, schleicht sich Susanna heimlich aus dem Wohnhaus zum Stall, um den Fremden etwas zu essen zu bringen. *(Susanna schleicht mit einem Öllämpchen und einem Topf oder einer Schüssel zum Stall.)* Schon von fern hört sie Babygeschrei. Die Frau hat einen Sohn zur Welt gebracht und wiegt ihn in den Armen, als Susanna eintritt.

Susanna: *(schaut auf das Baby)* Herzlichen Glückwunsch! Ist das ein süßes Baby! – Hier habe ich etwas zu essen für euch.
(Sie überreicht Josef den Topf. Maria legt das Baby in die Krippe.)

Maria: Vielen Dank. Du bist ein gutes Mädchen. Wie heißt du denn?
(Josef stellt den Topf zwischen sich und Maria. Sie setzen sich und fangen an zu essen.)

Susanna: Susanna. Und ihr?

Maria: Maria und Josef. Und unser Kind heißt Jesus: Das bedeutet: Gott hilft.
(In diesem Augenblick klopfen drei Hirten an die Tür.)

Susanna: O weh! Das ist mein Vater. *(Sie duckt sich an die Stallwand.)*
(Die Hirten treten ein. Sie bleiben einen Moment vor dem Kind in der Krippe stehen. Dann knien sie sich nieder.)

1. Hirte: Gepriesen seist du, Gott. Wir danken dir, dass du unsere Schritte hierher gelenkt hast.

2. Hirte: Danke für das Kind, das du uns geschickt hast.

3. Hirte: Bitte, lass uns erleben, dass es der Welt Frieden bringt. Amen.

Josef: Wie habt ihr hierher gefunden?

1. Hirte: Das ist eine seltsame Geschichte.
(Er erzählt langsam und eindrücklich, während leise Musik ertönt.)
Wir hüteten wie immer unsere Schafe. Es war ganz still. Eine seltsame Stimmung lag über der Weide.

2. Hirte: Auf einmal deutete Andreas auf einen besonders hellen Stern. Als wir noch rätselten, was das für ein Stern sei, stand plötzlich eine seltsame Erscheinung vor uns.
(Ein Engel erscheint.)

3. Hirte: Ja, sie war kein Mensch. Eher eine Gestalt wie im Traum. Sie bewegte sich langsam, wie schwebend, war unnahbar, ungreifbar. Mir fehlen die Worte.

1. Hirte: War sie ein Mann? Eine Frau? Merkwürdig: Ich sehe die Gestalt genau vor mir, aber ich kann sie nicht beschreiben.

Hirte: Und doch haben wir alle das Gleiche erlebt.

Hirte: Und die Gestalt redete zu uns:

Engel: Ihr Hirten, fürchtet euch nicht!
Ich bin ein Bote des Gottes,
der euer Leben wie der Himmel umspannt.
Geht nach Bethlehem!
Dort findet ihr ein Kind in einem Stall,
in Windeln gewickelt
und in einer Krippe.
In diesem Kind begegnet euch Gott.
Wie dieses Kind wächst und gedeiht,
so sollen Friede und Freude
in eurer Welt wachsen und groß werden.

1. Hirte: Und plötzlich waren viele Engel da und lobten Gott:
(Kleine Engel erscheinen.)

ENGEL: *(Gesang und Tanz der Engel)* Ehre sei Gott in der Höhe und Friede auf Erden bei den Menschen seines Wohlgefallens.
(Die Engel verschwinden wieder.)

JOSEF: Erstaunlich, was ihr da erzählt.

MARIA: Und doch so wunderbar.

ERZÄHLER: Bald schon verabschieden sich die Hirten. Susanna geht mit ihnen raus und schleicht zurück in ihr Bett.

Lied: »Vom Himmel hoch«

6. Szene

Requisite: Puppe als Jesuskind

ERZÄHLER: Am nächsten Tag kann es Susanna kaum erwarten, bis endlich Mittagszeit ist.
(Susanna kommt in den Stall. Maria hält ihr Kind auf dem Arm.)

MARIA: Schön, dass du kommst, Susanna. Josef ist gerade zur Steuerbehörde nach Bethlehem gegangen.
(Susanna setzt sich zu Maria.)

SUSANNA: Glaubst du den Hirten? Das mit dem Engel, meine ich.

MARIA: Wie sollte ich das nicht glauben? Vor neun Monaten ist mir auch ein Engel erschienen und hat mir die Geburt meines Kindes angekündigt.

SUSANNA: *(erstaunt)* Dann bist du ja eine ganz besondere Frau!

MARIA: Nein. Ich bin eine einfache Frau aus Nazareth und wohl kaum älter als du. Ich bin zwölf. Und du?

SUSANNA: Ich bin elf.

MARIA: Dann wirst du ja nächstes Jahr vielleicht heiraten. Freust du dich?

SUSANNA: Ich weiß nicht. Ich würde gerne noch was anderes machen als kochen, putzen und Kinder großziehen.

MARIA: Was würdest du denn gerne tun?

SUSANNA: Zum Beispiel lesen.
(Susanna geht zur Krippe und kramt ein Tontäfelchen heraus.)
Schau, hier habe ich einen Text von dem Propheten Jesaja.

MARIA: Du kannst lesen?

Susanna: Ja. Aber ich verstehe den Text nicht. Vielleicht kannst du mir helfen? – Da steht:
So spricht der Prophet Jesaja:
»Denn uns ist ein Kind geboren,
ein Sohn ist uns gegeben.
Er wird die Welt beherrschen.
Und er heißt: Wunder-Rat, Gott-Held,
Ewig-Vater, Friedefürst.«

Maria: *(begeistert)* Aber Susanna! Verstehst du wirklich nicht? Es ist ein Kind geboren. Jesus – Gott hilft. Er wird die Welt beherrschen. Er wird Wunder tun. Er kommt von Gott. Er wird Gottes Held. Er ist wie ein Vater. Und er wird Frieden bringen.

Susanna: Von **deinem** Kind hat der Prophet Jesaja schon vor vielen hundert Jahren geschrieben?

Maria: Ja. Ist es nicht wunderbar, dass Gott in einem Kind auf die Welt kommt? – Wenn ich das Kind in meinen Armen halte, spüre ich, wie lieb es mich hat. Und ich liebe es auch. Genauso ist Gott.

Erzähler: Susanna überläuft ein Schauer heiliger Verwunderung. Sie blickt auf das Kind. Nicht einen starken, heldenhaften Retter, sondern ein Kind schickt Gott, um Frieden zu bringen.
»Ja«, denkt sie. »Vielleicht ist es so. Vielleicht kommt es darauf an, dass genau dieses friedliche, liebebedürftige, liebende und vertrauende Kind in den Menschen heranwächst.
Die Liebe zwischen Jesus und Maria wird sich einmal zwischen ihm und vielen Menschen ereignen. Und genau da, wo wir das Kind in unserer Welt und in uns zulassen, da ist Gott.« – In diesem Augenblick schwört sich Susanna, dieses Kind niemals zu vergessen.
(Susanna steht auf, winkt Maria zu und geht.)

Lied: »Stern über Bethlehem«

7. Szene

Requisiten: Geschenke für die Könige (Räucherstäbchen auf einem Tellerchen, Streichhölzer, ein Salbdöschen, etwas Goldenes)

ERZÄHLER: Als Susanna nach Hause zurückgeht, kommen ihr schon die Brüder entgegen.

EPHRAIM: Hoher Besuch! Wir wollten dich gerade holen.

SAMUEL: Drei Männer aus dem Morgenland sind gekommen. Wir haben schon ihre Kamele in den Stall im Hof gebracht. – Da sind sie, schau!

(Der Vater kommt mit den drei Männern an.)

VATER: Also, ich habe noch genau drei Zimmer. Sie sind nicht ganz billig. Aber das dürfte für Sie ja kein Problem sein.

1. KÖNIG: Das sicher nicht. Aber zuvor zeige uns doch bitte das neugeborene Kind.

VATER: Welches Kind?

2. KÖNIG: Das weißt du nicht? Na, dann müssen wir dir wohl erzählen, warum wir hierher gereist sind.

3. KÖNIG: Also, wir sind auf einer Forschungsreise. Denn wir haben mit unseren Ferngläsern im Westen einen seltsamen Stern beobachtet.

1. KÖNIG: Wir sind gekommen, weil der Stern hier bei euch besonders hell erstrahlt.

2. KÖNIG: In alten Schriften steht: »Wenn ein solcher Stern am Himmel erscheint, dann wird ein großer König geboren. Er wird den Völkern Frieden bringen.«

VATER: Unser König wohnt aber in Jerusalem. Herodes heißt er. Und der hat kein Kind bekommen. Das wüsste ich.

3. KÖNIG: Ja. Wir haben ihn gestern selber gefragt. Aber am Abend sahen wir auch den Stern wieder. Und es war, als würde er über Bethlehem stehen.

VATER: Ich werde Ihnen jetzt Ihre Zimmer zeigen. Und heute Abend schauen wir uns zusammen den Nachthimmel an.

1. KÖNIG: Danke. Das ist nett von Ihnen.

(Sie gehen weg.)

SAMUEL: Vielleicht ist das Kind vom Zöllner Nathan gemeint. Sein Haus ist fast so groß wie ein Schloss.

Ephraim: Stimmt. Der hat erst kürzlich einen Sohn bekommen.
(Sie gehen mit Susanna pantomimisch redend weg. Während der Erzähler spricht, kehrt Josef in den Stall zurück.)

Erzähler: Susanna schweigt. Sie ahnt, von welchem Kind die Rede ist. »Hoffentlich entdecken sie es nicht«, denkt sie. – Als es dunkel wird, geht der Vater mit den drei Forschungsreisenden raus.

1. König: *(deutet zum Stern)*
Da steht er wieder. Er ist fast zum Greifen nahe.

Vater: Tatsächlich. Es sieht aus, als stünde er direkt über unserem Stall.
(Sie gehen hin und entdecken Maria, Josef und das Kind.)
Was macht ihr denn hier?
(Die drei Könige fallen auf die Knie.)

1. König: Hier liegt das Kind, von dem die Alten schreiben.
In unsern Herzen sollst du bleiben.

2. König: Auch wenn du einst ein Mann wirst sein,
bleibst wie ein Kind du – liebevoll und rein.

3. König: An Gott im Kinde wolln wir denken
und unsre Schritte stets in seiner Liebe lenken.

1. König: Wir haben dir Geschenke mitgebracht:

2. König: Der Weihrauch hier lässt ahnen Gottes Macht.
(zündet mit einem Streichholz die Räucherstäbchen an)

3. König: Die Myrrhe ist als Heilsalbe begehrt.
(gibt Maria das Salbdöschen)

1. König: Und dieses Gold hat einen großen Wert.
(gibt Josef das Gold)

2. König: Froh wollen wir nun nach Hause reisen

3. König: und dort die Liebe Gottes preisen.
(Sie stehen auf und gehen.)

8. Szene

Requisite: ein Schaschlikspieß o.Ä. zum Ritzen in die Tontäfelchen

ERZÄHLER: Spät kehrt der Vater vom Stall nach Hause zurück. Susannas Mutter, Ephraim und Samuel kommen aus dem Staunen nicht raus, als er ihnen berichtet, was sich dort zugetragen hat. Nun erzählt auch Susanna, wie sie Maria und Josef den Stall zur Herberge gegeben hat. Sie erzählt von der Nacht der Geburt Jesu und dass Hirten, von einem Engel geschickt, kamen, um ihn anzubeten. Sie erzählt davon, dass auch Maria ein Engel erschienen war. Nur von ihrem Geheimnis, dass sie lesen kann und dass sie weiß, dass der Prophet Jesaja schon vor vielen hundert Jahren über dieses Kind geschrieben hat – davon erzählt sie nichts. Spät in der Nacht legen sich endlich alle schlafen. Susanna kann lange nicht einschlafen. Plötzlich fällt ihr ein, dass die Fremden im Stall noch gar nichts zu essen haben. Es ist schon fast Mitternacht, als sie sich mit einer Schüssel Gemüse und Fladenbrot leise aus dem Haus schleicht. Wie erschrickt sie, als da plötzlich Maria und Josef mit dem Kind vor ihr stehen.

(Maria und Josef sind dabei, mit dem Kind wegzugehen.)

SUSANNA: Wie? Ihr wollt fort?

MARIA: Ja. Ich war schon längst eingeschlafen. Da weckte mich plötzlich Josef. ›Maria!‹, rief er. Erzähl' du, Josef.

JOSEF: Ein Engel ist mir erschienen und sagte: Nimm Maria und das Kind und fliehe nach Ägypten. Denn der König Herodes will es umbringen. Er hat Angst, dass es einmal stark und mächtig wird.

MARIA: Wir sind auf der Flucht, Susanna. Aber schön, dass du gekommen bist. Du bist mir wie eine Schwester geworden. Lebe wohl! *(umarmt sie)*

SUSANNA: Lebe wohl!

ERZÄHLER: Als die drei weg sind, geht Susanna noch einmal in den Stall. Denn in der Krippe ist noch eine Tontafel von Michael versteckt, die sie nicht gelesen hat.

(Sie holt das Täfelchen heraus und liest.)

Susanna: Liebe Susanna. Sicher wirst du einmal eine Frau wie andere. Du wirst heiraten und für deinen Mann und deine Kinder sorgen. Doch nun kannst du lesen und schreiben. Schreibe alles auf, was du erlebst. Dann wirst du dein Leben und die Welt mit anderen Augen betrachten. Gott schütze dich. Dein Michael.

Erzähler: Susanna macht sich sogleich an die Arbeit und schreibt alles auf, was sie in der vergangenen Woche erlebt hat.
Ein Jahr später ist sie verheiratet – mit Silas, einem Händler aus Jericho. Wie alle Frauen Israels kümmert sie sich in den nächsten Jahren um den Haushalt und sorgt für ihren Mann. Leider bleibt sie kinderlos.
Erst im Alter von 41 Jahren hört sie etwas von Jesus. Ihr Mann ist ihm auf einer Geschäftsreise in Galiläa begegnet. »Weißt du, was er gesagt hat?«, meint er: »Wenn ihr nicht werdet wie die Kinder, so werdet ihr nicht ins Himmelreich kommen.« – So ein Blödsinn! Wenn wir alle Kinder blieben, würde unsere Welt an Torheit zugrunde gehen.
Susanna verteidigt Jesus: »Jesus meint, dass auch die Erwachsenen wie Kinder Liebe und Schutz brauchen. Nur wenn wir uns dessen bewusst sind, können wir Gott erfahren.« Ihr Mann schüttelt den Kopf. »Du bist halt eine Frau«, meint er.
Im gleichen Jahr, als Jesus gekreuzigt wird – Susanna ist 44 – stirbt ihr Mann. Als nach einigen Tagen Gerüchte auftauchen, Jesus sei auferstanden, lachen die meisten Menschen. Susanna aber schreibt auf eine Tontafel:

Susanna: »Jesus ist auferstanden. Er muss neu geboren werden wie ein Kind. Wir alle müssen auferstehen und neu geboren werden wie die Kinder.«

Erzähler: Mit diesem Satz beginnt Susanna ein neues Leben. Sie verkauft alles, was sie besitzt, und begibt sich auf die Suche nach Maria.
Sie findet sie in Jerusalem zusammen mit Anhängern Jesu, die dort eine christliche Gemeinde gegründet haben. Susanna liest ihnen vor, was sie einst als Kind über jene Nacht der Geburt Jesu aufschrieb. Maria und ihre Freun-

de erzählen ihr von dem Mann Jesus, seinen Worten und Taten. Und Susanna notiert alles auf ihren Tontafeln.
In der Jerusalemer Gemeinde findet sie eine neue Familie und teilt mit ihr alles, was sie besitzt. Oft muss sie an Michael denken: Hat er nicht vor Jahrzehnten das Gleiche getan?
Rund fünfundzwanzig Jahre später werden Susannas Tontafeln im Krieg mit den Römern in Hunderte von Stücken zerbrochen.
Teile davon werden fast 2000 Jahre später entdeckt.
Immer noch versuchen Archäologen, sie zusammenzupuzzlen. Aber das, was Susanna schrieb, wird wohl immer ein Geheimnis bleiben.

Der ungläubige Hirte

Personen: ein Sprecher, vier Hirten, Verkündigungsengel, Maria und Josef, die Heiligen Drei Könige
Dauer: ca. 15 Minuten

1. Szene

Vorne sind vier Hirten zu sehen: Der erste sitzt und schnitzt an einem Stab, der zweite brät über einem Feuer eine Keule, der dritte sitzt auf dem Boden und dreht und biegt an der Krempe seines Hirtenhuts, der vierte steht auf seinen Hirtenstab gestützt und schaut in die Ferne.
Requisiten außerdem: Trompetenmusik von Kassette oder CD

SPRECHER: In Heiliger Nacht
zur Hirtenwacht
vom Himmel her
ein Engel kam.
Folgende Botschaft
man vernahm:

ENGEL: *(nach Lk 2,10–14)* Fürchtet euch nicht. Ich verkündige euch große Freude, die allem Volke widerfahren wird; denn euch ist heute der Heiland geboren, welcher ist Christus, der Herr, in der Stadt Davids. – Und das habt zum Zeichen: Ihr werdet finden das Kind in Windeln gewickelt und in einer Krippe liegen.

SPRECHER: Und alsbald war da bei dem Engel die Menge der himmlischen Heerscharen, die lobten Gott und sprachen *(mehrere Engel treten vor):*

ENGEL: Ehre sei Gott in der Höhe und Friede auf Erden und den Menschen ein Wohlgefallen. Amen.
(Die Engel verlassen die Szene. Nur der Verkündigungsengel bleibt.)

Lied »Vom Himmel hoch« Strophen 1–3

Engel: Macht euch auf und eilt nach Bethlehem geschwind.
Dort ist geboren für alle ein göttlich, lieblich Kind.
Es strahlt schon jetzt im Lichte heil'ger Lieb euch an.
Unsichtbar ist die Krone, die Gott ihm aufgetan.
Unsichtbar sind die Schätze, die er ihm hat verliehn.
Unsichtbar seine Schwerter, die er im Geist wird ziehn.
Er wird auch für euch streiten, für Liebe, Recht und Glück,
und wird euch weise führen ins Paradies zurück.
O glaubt und lauft zum Stalle, dort strahlt der Gottesstern.
Begrüßet in der Krippe den Sohn von Gott, dem Herrn!
(Der Engel verlässt die Hirten. Diese treten diskutierend zusammen.)

1. Hirte: Ich fühl' mich wie vom Schlag getroffen.
Mir schien, als wär der Himmel offen
und keine Erde mehr.
Und ich fürchtete mich sehr.

2. Hirte: Ich briet gerade am offenen Feuer
diese Keule; da wurd's mir ungeheuer.
Ich war wohl nicht so ganz bei Sinnen,
wollt ängstlich machen mich von hinnen.
Doch wie gelähmt waren meine Glieder
vor Furcht, der Himmel falle nieder.
Als dann der Spuk vorüber und meine Sinne klar,
sah ich an dieser Keule, welch feiger Narr ich war.
Verbrannt ist sie, so schwarz wie Kohle.
Ach, dass mich doch der Teufel hole! *(stößt die Keule fort)*
Hab auf das Nachtmahl mich gefreut.
Mein hungriger Bauch das sehr bereut.

3. Hirte: Dein dicker Bauch ist zu beneiden!
Den magst du wohl am besten leiden!
Nun stierst du noch mit gier'gem Blick
auf die verbrannte Keule zurück! *(stößt die Keule fort)*

4. Hirte: Wir haben erlebt ein himmlisches Zeichen,
das soll uns zur Freud', nicht zur Trübsal gereichen.
Solch ein Ereignis, von Gott erhellt,
erlebt nicht noch einmal diese Welt.

1. Hirte: Welch eine Botschaft war es nur,
die durchdrang diese weite Flur?

4. HIRTE: Nach Bethlehem sollen wir gehen.
Dort können wir ein Wunder sehen.
3. HIRTE: Ja! Ein König soll geboren sein.
2. HIRTE: Und deshalb sollten wir uns freun? *(lacht ungläubig)*
4. HIRTE: Ach, – kein König auf Herodes' Thron.
Ein edler König, ein Gottessohn!
3. HIRTE: Los! Eilen wir zum Stalle hin!
2. HIRTE: Welch Neugier beflügelt euren Sinn!
Wie aufgeregt ihr seid,
als stünde dort ein Schatz bereit!
In einem Stall ein Königssohn?
Das scheint wohl mehr ein Spott und Hohn!
4. HIRTE: Um das Gesetz des Höchsten zu verstehn,
musst stets du ins Verborgne sehn.
Wär dieses Kind auf goldnem Thron geboren,
wär es für uns von vornherein verloren.
2. HIRTE: Ich kann und will daran nicht glauben!
4. HIRTE: Ja, ja! So gehts wohl vielen geistig Tauben!
3. HIRTE: Kommt, lasst den Ungläubigen allein!
Wir wollen an Gottes Anblick uns erfreun.
(Die drei Hirten nehmen Hut und Stock und gehen. Der zweite Hirte bleibt. Da, wo er steht, wird es finster.)

Lied: »Was soll es bedeuten, es taget ja schon«

2. HIRTE: *(Wenn möglich, wird der 2. Hirte angeleuchtet.)*
Alle hat es fortgezogen.
Nur ich allein hab' mich betrogen.
Wär ich doch mitgegangen in die kleine Stadt,
um zu sehen, was der Engel uns verkündigt hat.
Jetzt sitz ich einsam bei der Herde.
Wie friedlich ruht die weite Erde!
Der Sternenhimmel über mir
zeigt seine ganze helle Zier.
Er strahlt so klar und feierlich,
als wolle er nochmals öffnen sich
und schicken eine Engelschar,

die Gottes Botschaft bringet dar.
(Es ertönt Trompetenmusik.)
Da! War das nicht Trompetenschall?
Träum ich? Erbebt das Weltenall?
(In gleißendem Licht erscheint ein Engel.)
Welch herrliche Erscheinung naht!
Ich weiß vor Furcht mir keinen Rat!
(Er birgt sein Gesicht in seinen Händen.)

ENGEL: Ach, Hirte, einsam und verlassen
begreifst du nicht den heut'gen Tag?
Hat man dich ganz allein gelassen?
Folg' doch schnell den andern nach!
Deine Schafe werden gut behütet
von einer treuen Engelschar.
Eile, weils die Stund' gebietet!
Bring dem Kindlein deine Ehre dar.
In dieser einzigartigen Nacht
hat Gott euch seinen Sohn gebracht.
Und dabei auch an dich gedacht.
Für alle Welt ist er geboren,
dass niemand mehr soll sein verloren.
Schau, du kannst dich nicht verirren.
Gott lässt leuchten dir den Stern.
Finstere Pfade wollen dich verwirren.
Geh den hellen, er führt zum Herrn.
(Der Engel verschwindet wieder.)

2. HIRTE: Was sah ich? Ein Traumbild? Trügerischen Schein?
Sprach da wirklich ein Engel? Mit mir allein?
Oder trog mich nur mein Sinn?
Wo ist nun die Erscheinung hin?
Ich sehe nichts als nur die Sterne;
Keinen Engel – auch nicht in der Ferne.
Und doch! Ich habe ihn gesehen.
Ganz deutlich sah ich ihn vor mir stehen!
Nicht länger darf ich mehr verweilen,
muss schnell zu jenem Stalle eilen,
wo ein Licht so göttlich groß

kündet ein glücklicheres Los,
wo Gottes Sohn in einem Stalle schläft
und die schönste Krone trägt.
(Er eilt davon.)

Lied (z.B.): »Dies ist der Tag, den Gott gemacht«

2. Szene

Maria und Josef an der Krippe. Durch eine kleine Öffnung fällt ein heller Schein auf die Krippe. Maria schaukelt die Krippe, Josef schnitzt etwas.
Für einen der Könige wird ein rotes Tuch gebraucht, das er verliert (Taschentuch oder Umhang).

MARIA: Ach Josef, lieber Josef mein,
was für ein heller Sternenschein
dringt in den kleinen Raum hinein?
JOSEF: Es ist der Schein von dem großen Stern,
den wir unlängst sah'n von fern.
Jetzt ist er ziemlich nah zu sehn,
als würd' er über dem Stalle stehn.
MARIA: Was bedeutet nur der helle Schein?
Er strahlt, wie wärmend, auf das Kindelein.
JOSEF: Es wird die Liebe Gottes sein,
die in unsre Trübsal scheint hinein.
(Jemand klopft an die Tür.)
MARIA: Josef, höre doch das Klopfen!
JOSEF: Es wird wohl nur vom Balken tropfen.
(Nochmaliges Klopfen.)
MARIA: O Josef, nein, das kann kein Tropfen sein!
Es wird wohl ein müder Wandrer sein.
JOSEF: Vielleicht sind auch die drei Hirten zurückgekehrt,
die neulich haben unser Kind verehrt.
MARIA: Die Hirten? O Josef, mach ihnen auf!
Denk dran: Ein Engel bestimmte ihren Lauf.
Vielleicht hat er sie wieder zu uns gesandt,
will eine neue Botschaft uns geben bekannt.
(Josef geht zur Tür und öffnet. Drei Könige treten ein.)

MARIA: Oh, wie wird mein Herz so schwer!
Könige! Wo kommen die her?
(Die Könige verbeugen sich.)

1. KÖNIG: Durch tiefes Forschen haben wir vernommen,
dass ein Retter zur Menschheit ist gekommen.

2. KÖNIG: Von Osten sind wir aufgebrochen
schon vor vielen, vielen Wochen.

3. KÖNIG: Wir scheuten nicht den Weg, den weiten,
wollten dem Kindlein Ehre bereiten.

1. KÖNIG: Der große Stern, so hell und klar,
auf den gewartet wir viele Jahr,
der führte uns zum Stalle hier,
und was wir suchten, fanden wir.
(Sie treten alle drei ganz nahe an die Krippe.)

2. KÖNIG: Du heiliges Kind, aus Gottes Lieb' geboren,
zum höchsten König auserkoren,
du wirst uns führen, wirst uns lehren,
nach Gottes Willen uns bekehren,
damit die Herzen wahr und rein
und Gottes Segen fließe ein.

3. KÖNIG: Lass ewig leuchten deiner Liebe Licht,
das mächtig sich durch dunkle Wolken bricht,
und in der ganzen weiten Welt
das Leben wunderbar erhellt.
Aus deines Geistes Klarheit
erfahren wir die Wahrheit.
Erleuchte Herz und Sinnen,
dass ew'ges Leben wir gewinnen.
Zum Retter bist du uns erkoren.
Ohne dich wären wir verloren.

1. KÖNIG: *(mit einer Verbeugung zu Maria und Josef, auch die beiden anderen verbeugen sich)* Dem heiligen Paare Dank und Ehr!
Ihr hegt und pflegt das Kindlein sehr.
Im kalten Stall, auf Heu und Stroh,
wirkt euer Kind gesund und froh!

2. KÖNIG: Wir haben Gottes Herrlichkeit gesehen!
In Frieden können wir nun heimwärts gehen.

3. König: So leb denn wohl, du göttlich Kind!
Wir gehen hinaus in Kälte und Wind.
Gib uns für jeden Schritt und Tritt
die Wärme deiner Liebe mit.

1. König: Lebt wohl, ihr beiden,
seid so bescheiden,
pflegt doch der Menschheit höchsten Schatz
demütig an diesem Platz.

(Während die drei sich zum Abschied nochmals verbeugen, verbeugt sich auch Josef.)

Josef: Kommt gesund in euer Reich!

Maria: Gottes Segen sei mit euch!

(Die Könige entfernen sich. Dabei verliert einer ein rotes Tuch.)

Maria: Ach, Josef, was soll das alles bedeuten?
Nicht nur Hirten über die Schwelle schreiten.
Auch Könige beten das Kindlein an!
Wie wird's nur sein, wenn es ist ein Mann?

Josef: Maria, ich bin nur ein armer Zimmermann,
nicht mal eine bessere Herberg ich finden kann.
Wohl mag unser Leben ich grad bestreiten,
aber nie kann ich die Zukunft deuten.

Maria: Seltsam! ... Ich habe das geträumt!
Habe alles vorher schon geträumt!
Sichtbar ist der Traum der Wahrheit
nun in seiner ganzen Klarheit.
Wie mir war auch den Hirten ein Engel erschienen:
Gott will wohl uns armen Menschen dienen.
Und nun haben selbst Könige das Kind geehrt.
Es ist, als würden gängige Werte verkehrt:
Was hoch ist, wird niedrig, Bedeutendes klein.
Gott will wohl bei allen Menschen sein.
Wie könnt' er sonst Engel zu Hirten schicken?
Wie könnten sonst Könige sich bücken?

(Es klopft und verwirrt und außer Atem tritt der ungläubige Hirte ein. Er hält das Tuch in der Hand.)

2. Hirte: Entschuldigt vielmals meinen Einbruch hier;
Bin nur ein armer Hirte.

Drei Könige waren vor mir hier.
Ich erfuhrs draußen von dem Wirte.
Ich habe nichts als nur ein Stückchen Brot
Und ein kleines Tuch, schön purpurrot;
Ich fand es draußen vor den Toren.
Ein König hat es wohl verloren.
Hoff', dass ich das Kind damit erfreuen kann.
Da, liebes Kind, so nimm es dann.

Ein Engel rief uns von der Herde fort.
Die andern Hirten folgten seinem Wort.
Sie müssen schon längst hier gewesen sein
und konnten sich an dem Kindlein erfreun.
Nur ich blieb ungläubig zurück.
Ich glaubte nicht an unser Glück.
Zu einfach schien der Stall für mich,
die Krippe als Bett nicht königlich.
Ich glaubte, dass auf dieser Erde
ein Hirte nur im Stall geboren werde.
Doch da sprach der Engel nochmal auf mich ein,
ich solle schnell folgen des Sternes Schein.

Jetzt knie ich hier. – Wie zierst du Kripp und Stall!
So liebevoll werden meine Gedanken all.
O ja, ich seh es wahrlich ein:
Ein edler Geist kann auch im Stall geboren sein!
Nun begreife ich, dass Gott hat seinem Kind
den Stall als Herberge bestimmt:
damit in Demut er Hirte werde
für die verirrte Menschenherde.

So ist die Nacht nun dir geweiht,
du Christuskind, in Ewigkeit.
Heut' jubiliert die ganze Welt,
dass Gott für sie einen Retter bestellt.
Auch mein Herz ist nun ganz bereit,
dir zu dienen voll Dankbarkeit.

LIEDER ZU DEN WEIHNACHTSSPIELEN

Hört auf die Geschichten

Refrain:

Hört, hört, hört auf die Geschichten, hört, hört, hört, was wir gesehn!
Glaubt, glaubt, glaubt, was wir berichten, glaubt, ein Wunder ist geschehn.

1. Maria ist auserkoren, hat das Kindelein geboren. – *Refrain*
2. Engel hat zuerst verkündet, wo das Christuskind ihr findet. – *Refrain*
3. Josef ist ein Zimmermann, hilft Maria, wo er kann. – *Refrain*
4. Hirten werden erste Zeugen, froh sie vor dem Kind sich beugen. – *Refrain*
5. Kinder glauben ganz gewiss: Dieses Kind ist Jesus Christ. – *Refrain*
6. Auch die Zweifler sich bekehren, weil sie sehen, nicht nur hören. – *Refrain*
7. Bald schon glauben auch die Reichen an die wunderbaren Zeichen. – *Refrain*
8. Hört nun alle voller Freude: Christus ist geboren heute. – *Refrain*

Der Stern steht hoch am Himmelszelt

2. Der Stern, der leuchtet in den Stall, drin liegt ein Kindelein.
Es soll die Menschen überall mit seiner Lieb erfreun.
La, la, la, la, la, la, la, la, la, la, la, Ehre sei Gott in der Höh'!
La, la, la, la, la, la, la, la, la, la, la, Ehre sei Gott in der Höh'!

3. Das Kindelein soll Zeichen sein für Gottes neue Welt.
Geht nur getrost zum Stall hinein. Er ist das Himmelszelt.
La, la, la, la, la, la, la, la, la, la, la, Ehre sei Gott in der Höh'!
La, la, la, la, la, la, la, la, la, la, la, Ehre sei Gott in der Höh'!

4. Auf, folgt dem Stern, dann seid ihr da, wo Fried' und Heil erblühn!
Voll Hoffnung dann, dass Gott euch nah, könnt ihr durchs Leben ziehn.
La, la, la, la, la, la, la, la, la, la, la, Ehre sei Gott in der Höh'!
La, la, la, la, la, la, la, la, la, la, la, Ehre sei Gott in der Höh'!

Tanzbeschreibung:

Ein Kind steht in der Mitte und hält einen großen Goldstern hoch. Im Kreis drum herum stehen die Engel.

1. Zeile: Kinder gehen vier Schritte in die Mitte und halten die Hände oben an den Stern.
2. Zeile: Mit dem Sternträger wiegen sie den Stern viermal hin und her.
3. Zeile: Kinder laufen vier Schritte in die Ausgangsposition zurück.
4. Zeile: Kinder stellen sich quer, jeweils zwei und zwei einander gegenüber, und breiten die Arme nach innen und außen aus.

Refrain:

1. Zeile: Kinder klatschen jeweils einmal in die Hände, dann über kreuz in die rechte Hand des Partners, wieder in die eigenen Hände, dann über kreuz in die linke Hand des Partners.
2. Zeile: Je zwei Partner fassen sich an und drehen sich einmal rechts im Kreis herum.
3. Zeile: Wie 1. Zeile.
4. Zeile: Alle bilden wieder einen großen Kreis.

Bei der letzten Zeile der letzten Strophe bilden sie eine Kette, und der Verkündigungsengel tritt davor.

Sterngeburt

2. Spürst du denn nicht
die Wärme, die Glauben erzeugt?
Das Weihnachtslicht,
vor dem auch der Zweifler sich beugt?
Siehst du den Stern, der uns den dunklen Weg erhellt,
zum Gotteskind, das für uns in die Welt gestellt,
damit wir beugen uns, ob arm, ob reich,
weil wir vor ihm sind alle gleich?

3. Mensch ohne Halt,
der du kein Vertrauen mehr hast,
glaube nur, bald
wird von dir genommen die Last.
Mit Christus wird die Hoffnung wieder neu geborn,
und du erhältst zurück, was scheinbar war verlorn:
Vertrauen, Liebe, Mut und Zärtlichkeit.
Das Weihnachtslicht macht Herzen weit!

Weihnachtsmarkt-Rap

Zuerst mit den Kindern genau im Takt bis acht (= 2x $^4/_4$-Takt) zählen üben, wie unten angegeben. Ein Kind oder auch mehrere Kinder geben dann mit Rhythmus-Instrumenten (Rasseln, Bongos o.Ä.) die beiden ersten Takte vor. Die Kinder zählen dabei leise, ohne dass man sie hört, bis acht mit. Dann fangen sie an, mit genauer Betonung (auf den fettgedruckten Silben) den Text zu sprechen. An den vorgesehenen Stellen wird der Text immer wieder durch dir Rhythmus-Instrumente unterbrochen. Ideal ist es, einen Synthesizer einzusetzen, der die Kinder rhythmisch begleitet. (Die Zahlen sind dann nicht mitzusprechen, Sie sind nur als eine Hilfe gedacht, sich in den Rhythmus einzufinden. Denn – aufgepasst! – gegen Ende wir der Text bewusst holpriger. Das muss gut geübt werden.)

1, 2, 3, 4,
5, 6, 7, 8,
1, 2, 3, 4,
5, 6, 7, 8,

Het-zen, **sto**-ßen, **drän**-geln, – **4**
schimp-fen, **flu**-chen, **quen**-geln, – **8**
Von **Weih**-nachts-**stim**-mung **kei**–ne **Spur**.
Wo bleibt **die** Besin-nung **nur**?
Im Ge-**wim**-mel, **im** Ge-**tüm**-mel
ist der **Sinn** ver-**ges**-sen. – **8**
Man **denkt** nur **noch** an **Es**-sen.– **4**
5, 6, 7, 8,

Ge-**schen**-ke – **oft** nur **Fir**-le-**fanz.**
Der **Franz** lässt's **dies**-mal **ganz,** – **8**
fährt **auf** die Bale-**a**-ren – **4**
o-der **die** Ka-**na**-ren – **8**
um dem **Rum**-mel **zu** ent- **fliehn.**
5, 6, 7, 8,

1 – E n t - ziehn! – **4**
Ich **möch**-te **mich** ent-**ziehn!** – **8**

Doch **hält** mich **im**-mer **wie**-der **fest**
d i e-s e s F e s t. – 8
W e i h - n a c h t s - m a r k t – 4
Was **soll** das **Fest**-ge-**tu**-e? – **8**
W e i h - n a c h t s - m a r k t, – 4
Ich **seh**-ne **mich** nach **Ru**-he, – **8**

ich **seh**-ne **mich** nach **Zeit,** – **4**
von **die**-sem **Stress** be-**freit,** – **8**
zu be-**gin**-nen, **nach**-zu-**sin**-nen
was **Weih**-nachten **heu**-te für **mich** und and're **Leu**-te
w o h l b e-deu - t e, – **4**
w o h l b e-deu - te – **8.**
1, 2, 3, 4,
5, 6, 7, 8

Engel, hier und da

2. Ja, uns Engel
sieht man oft nicht.
Doch unser Licht
schickt seine Strahlen aus,
auch in euer Haus.
Gott will, dass ihrs endlich merkt
und euch nicht davor verbergt

Stille voll Erwarten

2. Was sie Maria schon gesagt, / solln sie euch verkünden:
dass Gott in euer Leben ragt, / will sich mit euch verbünden.
La, la, la, la, la, la – will sich mit euch verbünden.

3. Auch wenn ihrs nicht begreifen könnt, / seid in Angst und Schrecken:
glaubt, was euch heute ist vergönnt, / ihr sollt das Heil entdecken.
La, la, la, la, la, la – ihr sollt das Heil entdecken.

4. Lauft nun nach Bethlehem geschwind, / dort in einem Stalle,
auf Heu und Stroh ein kleines Kind, / das Frieden schafft für alle.
La, la, la, la, la, la – das Frieden schafft für alle.

Vor langer Zeit in Bethlehem

2. Das kleine Kind aus Bethlehem
   – öffnet eure Augen –
   kennt keinen Streit und keinen Krieg,
   kein Morden und kein Rauben.
   Gott zeigt uns Frieden
   durch dieses Kindelein.
   Seid ihr wie die Kinder,
   dann wird endlich Frieden sein.

3. Es liegt in einer Krippe drin
– öffnet eure Herzen –
es ist so arm und doch geliebt,
hat weder Angst noch Schmerzen.
Gott bringt Vertrauen.
durch dieses Kindelein:
Habt ihr solch Vertrauen,
wird die Welt voll Liebe sein.

4. Drum sind wir froh und singen laut
– öffnet eure Münder --
denn tief in ihren Herzen drin
sind alle Menschen Kinder.
Wir bleiben Kinder,
Menschen, ob groß, ob klein.
Seid ihr wie die Kinder,
dann wird alles anders sein.

5. Drum feiern wir das Weihnachtsfest
– klatscht in eure Hände –
weil Gott uns heute Jesus Christ,
sein Kind der Liebe sendet.
Stampft mit den Füßen!
Dreht euch im Kreis geschwind!
Reicht euch jetzt die Hände,
tanzt nun wie ein kleines Kind.

6. Mit diesem Liede wünschen wir
ein frohes Fest für alle
und grüßen jeden, der hier ist,
froh mit lautem Schalle.

WEIHNACHTSGESCHICHTEN

Jakob, der Stadtschreiber von Bethlehem

Dass ich Stadtschreiber wurde, verdanke ich einem Zufall. Ich lebte mit meiner Familie in Bethlehem. Mein Vater war ein Tuchhändler. Ich, Jakob, der Älteste von fünf Söhnen, durfte ihn manchmal auf seinen Reisen begleiten. Einmal – ich war gerade elf Jahre alt – musste er geschäftlich nach Jerusalem zu Ephraim, dem Hofschneider des Königs Herodes. »Willst du mitkommen?«, fragte er mich tags zuvor. Was für eine Frage! Jerusalem! Das war die schönste Stadt, die ich kannte! Ich verschwieg deshalb, dass mir furchtbar schlecht war. »Du hast wohl Reisefieber«, meinte Mutter, als ich abends lustlos in meinem Essen herumstocherte. Am nächsten Tag wurde es noch schlimmer, aber ich sagte nichts. Die Reise fiel mir schwer. Ein paar Mal war ich einer Ohnmacht nahe. Etwa auf der Hälfte der Strecke merkte mein Vater endlich, was mit mir los war. Doch zum Umkehren war es zu spät. Er machte sich große Sorgen. Immer wieder gab er mir zu trinken und rieb mich mit einem ätherischen Öl ein, das er bei sich trug. Er setzte mich auf die Tuchballen, die auf seinem Maultier lasteten, und ich musste mich dabei festhalten. Denn ich hatte Mühe, oben zu bleiben. An unsere Ankunft in Jerusalem kann ich mich gar nicht mehr erinnern. Ich hatte so hohes Fieber, dass ich phantasierte. Vater brachte mich zu einem Arzt, der mir kalte Wickel machte und eine Kräutertinktur einflößte. Er gab uns die Adresse eines Rabbis, wo ich unterkam. Eine Herberge hätte mich in diesem Zustand nicht aufgenommen – wegen der Ansteckungsgefahr. Täglich schaute mein Vater nach mir, doch ich erholte mich nur langsam. Nach sechs Tagen riefen ihn seine Geschäfte zurück. Der Arzt sagte, ich dürfe keinesfalls mitreisen. Das sei lebensgefährlich. So blieb ich bei dem Rabbi.

Nie hätte ich gedacht, dass daraus ein halbes Jahr werden würde. Wenige Tage nach meines Vaters Abreise überbrachte ein Handelspartner die Nachricht, dass auch er erkrankt sei. Ich hatte ihn wohl angesteckt. Vier Wochen später hieß es, er müsse dringend nach Kairo reisen und würde mich auf dem Rückweg mitnehmen.

Inzwischen ging es mir wieder gut. Rabbi Jojakim war ein freundlicher Mann. Er sorgte rührend für mich. Und er war außerordentlich klug. Jeden Morgen um zehn nahm er mich mit in die Synagoge. Dort lehrte er einige Jerusalemer Kinder aus vornehmen Familien anhand der Thora Lesen und Schreiben. In der Thora, das wusste ich, stehen alle Geschichten und Gesetze von Mose. Ich wünschte mir, sie auch lesen zu können. Doch Jojakim meinte, zum Lesen lernen sei es wohl für mich zu spät. Die anderen Kinder hätten schon zwei Jahre Unterricht.

Ich musste mich neben Jonathan, den zehnjährigen Sohn eines Jerusalemer Pharisäers, setzen und durfte zuhören. Jedes Wort aber, das die Kinder vorlasen, verfolgte ich in der Schriftrolle, in die ich gemeinsam mit Jonathan reinschaute. Mühelos prägte ich mir jeden Buchstaben ein, auf den sein Zeigefinger deutete. Als der Rabbi mein Interesse merkte, gab er mir endlich auch eine Thorarolle, ein Stück Pergament, eine Feder und Tinte. Nun schrieb ich die Wörter nach. Es dauerte keine sechs Wochen, da kannte ich alle hebräischen Buchstaben und konnte, wenn auch ein wenig stockend, lesen. Vier Monate später hatte ich schon die ersten zwei Bücher Mose gelesen und konnte viele Teile daraus auswendig. Der Rabbi staunte über mein Talent.

Als mein Vater endlich kam, um mich abzuholen, wunderte er sich sehr. In unserer kleinen Stadt sprach sich mein Können schnell herum. Und ein Jahr später – ich war noch keine dreizehn – stand der Bürgermeister vor unserer Tür und fragte meinen Vater, ob ich nicht Stadtschreiber von Bethlehem werden dürfe. Erst erlaubte Vater das nicht. Ich sollte ja wie er einmal Tuchhändler werden. Doch als er hörte, dass ich 20 Silbergroschen pro Tag verdienen würde, stimmte er endlich zu. Welcher Junge in meinem Alter verdiente schon so viel Geld – und noch dazu, wie mein Vater fand, auf so leichte Weise?

*

Ich war mit meiner Arbeit ganz zufrieden. Täglich machte ich Aufzeichnungen über das Wetter. Ich berichtete über die Obsternte, Hausbrände oder was sonst so alles in Bethlehem passierte. Allerdings war das in unserer kleinen Stadt nicht viel. Und manchmal dachte ich, ob ich nicht doch lieber Tuchhändler werden sollte. Da kam man wenigstens in der Welt herum.

Eines Tages allerdings veränderte sich unsere Stadt. Nach jahrzehntelangen Kriegen war es dem römischen Kaiser Augustus gelungen, Frieden in seinem Reich herzustellen. Nun wollte er Ordnung schaffen. Deshalb befahl er allen erwachsenen Bürgern seines Reiches, in die Städte ihrer Herkunft zu reisen. Dort sollten sie in ein Geburtsregister eingetragen werden. Denn er wollte wissen, wie viele steuerpflichtige Untertanen er hatte.

Bald nach Bekanntwerden des kaiserlichen Befehls kamen unzählige Männer, die einmal hier geboren und inzwischen weggezogen waren, nach Bethlehem. Sie brachten ihre Frauen und Kindern mit, und unsere Stadt platzte aus allen Nähten. Die Herbergen waren schnell überfüllt und Hunderte von Menschen mussten auf den Straßen übernachten. Dort herrschte ein unerträglicher Lärm. Das Gedränge und der Gestank waren kaum auszuhalten. Krankheiten brachen aus, und es bestand die Gefahr von Seuchen. Auch manches Gesindel war unter den Zugereisten: Taschendiebe und Räuber, die in der Menge leicht entkommen konnten.

Um der Lage Herr zu werden, lud unser Bürgermeister eines Tages zu einer Stadtverordneten-Versammlung ins Rathaus ein. Ich war natürlich auch dabei, um Protokoll zu führen und Aufzeichnungen für die Chronik zu machen. Die Stadtverordneten berieten vor allem darüber, wie man die Menschen von den Straßen wegbekommen könne.

»Ich war heute Mittag im Wirtshaus ›Zum Goldenen Löwen'», erzählte Ephraim. »Da hörte ich, wie der Wirt einem Ehepaar aus Nazareth seinen Stall zur Verfügung stellte. Die Frau war hochschwanger.« »Eine gute Idee«, rief unser Bürgermeister. »Einen Stall hat fast jeder in Bethlehem. Wir werden die Leute verpflichten, die Fremden in ihren Ställen wohnen zu lassen.« In diesem Augenblick wurden wir jäh unterbrochen. Die Tür des Sitzungssaals wurde aufgerissen und völlig außer Atem stürzte ein Mann herein. Sein Hemd war zerrissen und aus zwei Platzwunden an seinem Hinterkopf tropfte Blut. »Hilfe! Zwei Männer haben mich überfallen und beraubt!«, rief er. »Hier, vor dem Rathaus.« Der Bürgermeister gab den beiden Polizisten, die bei der Sitzung als Wachen dabei waren, einen Wink, und sie führten den Fremden in ein Nebenzimmer, wo er genau erzählen musste, was passiert war. Ich begleitete die drei natürlich, um die Anzeige zu Protokoll zu nehmen. Die Sitzung war damit ungewollt unterbrochen.

*

Während der Fremde uns alles erzählte, liefen ein großer, schwarzhaariger Lockenkopf und ein kleiner, langhaariger Blonder mit ihren Wanderstöcken in der Hand auf der Hauptstraße zur Stadt hinaus. Der Lockenkopf schleppte einen Koffer. Erst viel später lernte ich die zwei Männer kennen und ließ mir erzählen, was sich in jener Nacht zutrug. Sie fielen nicht weiter auf. Schließlich waren zu der Zeit unzählige Menschen mit ihrem Reisegepäck unterwegs.

Die Sonne war schon längst untergegangen. In der Nähe von Bethlehem liegt ein Zedernwald. Kein Mensch war in jener Nacht dort zu sehen. Die Männer lehnten ihre beiden Stöcke an einen Baum und setzten sich. Zufrieden begutachteten sie nun den Inhalt des Koffers, den sie erbeutet hatten: Kleidung, eine warme Decke und … – Ja, was klimperte denn da so schön? Hatten sie's nicht geahnt? Eine Geldkassette mit vielen Münzen! Begeistert fingen sie an zu zählen. Doch plötzlich erhob der Blonde den Kopf und zischte »Pack weg! Ich höre Stimmen.«

Tatsächlich. Sie kamen näher. Hastig räumten sie die Sachen wieder ein und versteckten sich mit dem Koffer und den Stöcken hinter einem Baum. Vier Hirten kamen den Weg entlang. Doch sie bemerkten die Räuber nicht. Zu sehr waren sie noch benommen von dem, was sie erlebt hatten. Erschöpft ließen sie sich auf dem Platz fallen, auf dem eben noch die Räuber gesessen hatten. »Mir ist ganz schwindelig«, sagte der Jüngste der Gruppe. »Ja, ich bin vorhin fast in Ohnmacht gefallen«, meinte ein anderer, auffallend großer junger Mann. »Und ich – ich hielt mir vor Schreck die Hände vors Gesicht«, stammelte ein dritter, etwa Fünfzigjähriger, und schlug sich dabei seine zitternden Hände vor die Augen. Auch der vierte, ein Glatzkopf, dessen Alter nur schwer zu schätzen war, wirkte noch ganz benommen von dem, was er erlebt hatte. »Geht nach Bethlehem, hat der Engel gesagt. Ich habs deutlich gehört.« »Ich auch. Ich auch«, riefen die anderen. »Dort ist in einem Stall ein Junge geboren. Jesus heißt er und liegt in einer Krippe. Er soll der Heiland sein, der Retter der Welt. – Hätten wirs nicht alle gehört, ich würde es nicht glauben.« »Aber in Bethlehem gibts viele Ställe. Wo sollen wir das Kind suchen?«, fragte der junge Hirte. Der große schaute an den Himmel und deutete auf einen Stern, der ungewöhnlich hell leuchtete. »Seht ihr den Stern dort oben? Es sieht aus, als würde er in Bethlehem besonders strahlen. Vielleicht ist er ein Zeichen Gottes und leuchtet uns zum Stall.« »Ja. Gehen wir weiter. Vielleicht führt er uns wirklich zum Stall«, meinten auch die anderen. Sie erhoben sich und gingen erregt miteinander sprechend weiter.

Als sie nicht mehr zu hören waren, kamen die beiden Räuber aus ihrem Versteck hervor und prusteten los. »Hahaha! Was sind die Hirten doch so dumm!«, rief der Lockenkopf. »Ein Engel ist ihnen erschienen! Ich könnt' mich kringeln!« Der andere konnte vor Lachen kaum den Koffer halten. »Erwachsene Männer – und glauben noch an Märchen!« Doch ganz plötzlich, von eben auf jetzt, wurde er ernst: »Und wenns doch stimmt, was die Hirten erzählen?«, meinte er.

»Was stimmt?«

»Wenn wirklich der Heiland geboren ist.«

»Wie – Heiland?«

»Na, einer der die Welt rettet, sie heil macht, friedlich und gut!«

»Du spinnst!«

»Komm, lass uns doch den Hirten folgen!«

»Du glaubst doch nicht im Ernst, dass es den Stall und das Kind gibt!«

»Ich weiß nicht. Wenn nicht, dann haben wir auch so unsern Spaß. Die dummen Gesichter der Hirten möchte' ich sehen, wenn die unverrichteter Dinge wieder umkehren.«

Sie kicherten. »Und was machen wir mit dem Koffer und den Waffen?«

»Verstecken! Hinter dem Baum. Wir decken sie mit ein paar Zweigen zu.« Tatsächlich versteckten die Räuber nun ihre Beute und die Stöcke und folgten den vier Hirten.

Doch es sollte nicht lange Ruhe herrschen. Wenige Minuten später kamen Rahab und Simon Simonis, ein Ehepaar aus Nathanja, des Wegs daher. Stundenlang waren die beiden schon unterwegs nach Bethlehem, der Geburtsstadt Simons. Die Füße taten ihnen weh. Wie freute sich Rahab, als sie einen großen Stein am Wegesrand entdeckte. »Komm! Bleiben wir hier. Wahrscheinlich kriegen wir heute Nacht sowieso keine Herberge mehr.«

»Da hast du Recht«, meinte Simon. »Aber kalt ists. Ich suche schnell ein paar Äste, um Feuer zu machen!« Er verschwand im Zedernwald. »Rahab! Schau mal, was ich hier gefunden habe!«, rief er kurze Zeit später und kam mit dem Koffer und den Stöcken zum Vorschein.

»Wer den Koffer wohl vergessen hat?«, fragte Rahab, während Simon ihn öffnete. Da klapperte er auch schon mit der Geldkassette und meinte aufgeregt: »So viel Geld vergisst niemand. Das ist Diebesgut. Und diese Stöcke hier sind Waffen. Wir gehen doch besser gleich nach Bethlehem und übergeben die Sachen der Polizei.«

Seufzend nickte Rahab und erhob. »Halt!«, rief da eine barsche Stimme. »Was haben Sie da für einen Koffer?« Sie hatten das Kommen der zwei

Polizisten gar nicht bemerkt, die plötzlich vor ihnen standen. »Den haben wir eben gefunden«, meinte Simon.

Die beiden Ordnungshüter blickten einander vielsagend an. Der eine nahm den Koffer an sich und betrachtete ihn eingehend, ehe er ihn öffnete und darin herumwühlte: »Stimmt genau mit der Anzeige des Fremden überein, der am Abend überfallen wurde: Ein schwarzer Koffer und darin Kleidung, eine warme Wolldecke und eine Geldkassette.« Während er den Koffer wieder schloss, nahm der andere die Stöcke. »Schlagstöcke«, meinte er. »Die möchte ich nicht auf den Kopf kriegen.« Nun zog er ein Seil aus der Tasche und befahl Rahab und Simon, ihre Hände auszustrecken. »Sie sind verhaftet wegen Raub und Körperverletzung«, sagte er barsch, während er sie an den Händen fesselte. »Aber wir sind unschuldig!«, rief Simon Simonis. Rahab konnte gar nichts sagen. Tränen des Entsetzens standen ihr in den Augen. Ungerührt führten die zwei Polizisten die beiden nach Bethlehem und sperrten sie dort ins Gefängnis.

Ich hörte noch in derselben Nacht von der Verhaftung des Ehepaars. »Da wird sich der Bürgermeister aber freuen«, dachte ich, während ich sogleich in meiner Chronik über die vorzügliche Arbeit der Bethlehemer Polizei berichtete. In den nächsten Tagen war ich dann dabei, als Simon und Rahab verhört wurden, und führte Protokoll. Hartnäckig beteuerten die beiden immer wieder ihre Unschuld. Doch der Koffer, den sie bei ihrer Verhaftung in der Hand hielten, und die beiden Schlagstöcke sprachen gegen sie. Ich war überzeugt davon, dass man die zwei zum Tode verurteilen würde.

*

Wie aber war es den Hirten und den Räubern in der Zeit ergangen? Auch davon erfuhr ich erst viel später.

Die Hirten hatten tatsächlich den Stall mit dem Kind gefunden. Es war jener Stall, den der Wirt »Zum Goldenen Löwen« dem Ehepaar mit der schwangeren Frau zur Verfügung gestellt hatte. Ein unbeschreiblich schöner Stern erstrahlte über dieser Hütte. Ehrfürchtig fielen die Hirten vor dem Kind nieder. Es war ein besonderes Kind. Das spürten sie. Ganz warm wurde ihnen ums Herz, als sie in die Krippe schauten. »Ein Gotteskind!«, stammelte einer von ihnen.

Eine besondere stille, aber kraftvolle, die Tiefe der Seele ergreifende Stimmung lag in dem kleinen Raum. Wenn sie hier rausgingen, das wussten die Hirten, würden sie andere Menschen sein; vielleicht behutsamer im Umgang mit Mensch und Tier, ehrlicher, selbstbewusster. Sie wurden ja allgemein verachtet. Sie waren arm und man traute ihnen, aus welchen Gründen auch immer, nicht über den Weg. Nun spürten sie eine nie erahnte Hoffnung in sich, dass das nicht so bleiben musste. Da riss sie ein jähes Poltern aus ihren Träumen. Zwei Männer stürzten zur Tür herein. »He da! Macht Platz!« Rücksichtslos stießen sie die Hirten beiseite. Doch nur einen kurzen Moment dauerte der Schrecken, in dem sich die Hirten an die rechte Stallwand flüchteten. Dann war es wieder still, absolut still. Wie angewurzelt blieben die beiden Eindringlinge vor der Krippe stehen und sanken langsam auf die Knie. »Das gibt es doch nicht!«, murmelte der Blonde nach sekundenlangem Schweigen. »Da ist ja wirklich ein Kind in einer Krippe.« Der andere schüttelte den Kopf. »Ich fass' es nicht! Ein Gotteskind!«, sagte er. Nach einer Weile fasste der glatzköpfige Hirte Mut und trat auf sie zu.

»Ist euch auch ein Engel erschienen?«, fragte er. »Ein Engel? Nee. – Ihr seid uns erschienen«, antwortete der Blonde, während der Lockenkopf immer noch murmelte. »Ich fass' es nicht! Ein Gotteskind!«

Die Eltern des Kindes – wie ich später erfuhr, hießen sie Maria und Josef – hatten bisher nur stumm das Geschehen betrachtet. Doch nun wandte sich der Vater an die beiden Eindringlinge: »Wer seid ihr? Und wo kommt ihr her?« Die Räuber wurden unruhig und sprangen auf: »Wir – wir« stammelten sie.

»Wir sind nur zufällig hier«, meinte der Blonde. »Wir – wir sind nicht gut genug für Sie und Ihr Kind.«

»Ja. Komm, wir gehen jetzt besser.« Ungeduldig zerrte der Lockenkopf den Blonden aus dem Stall heraus.

»Das waren aber merkwürdige Gestalten«, meinte Josef.

»Ja, sie waren mir erst richtig unheimlich«, meinte Maria. »Aber dann merkte ich, wie unser Kind ihr Herz ergriff.«

»Und wer hat euch hierher geführt?«, fragte Josef die Hirten. Und die Hirten erzählten, wie draußen auf dem Feld ein Engel zu ihnen gekommen war und ihnen die Geburt Jesu angekündigt hatte. Und während sie das erzählten, wurde ihnen plötzlich bewusst, dass sie, die armen, verachteten Hirten, die ersten Zeugen der Geburt des Heilandes waren. Und sie fühlten sich so froh, glücklich und voll Hoffnung wie noch nie.

Währenddessen rannten die Räuber ein ganzes Stück zurück, als würden sie verfolgt. Schließlich wurden sie langsamer und gingen nachdenklich weiter. Als sie an dem Baum angelangt waren, wo sie ihre Beute versteckt hatten, ließen sich erschöpft auf einem Stein nieder. Endlos lange Minuten vergingen, ehe der Lockenkopf das Schweigen brach. »Du«, meinte er, »das, was wir eben erlebt haben, werde ich nie vergessen.«

»Ich auch nicht. Dieses Kind ... Es ist ein ganz besonderes Kind! Ich habe mich richtig vor ihm und seinen Eltern geschämt. Am liebsten würde ich den Koffer zurückgeben.«

»Das habe ich eben auch gedacht. Komm! Dann tun wirs doch!« Sie sprangen auf. »Wir holen ihn und legen ihn in Bethlehem vor die Rathaustür. Und dann fangen wir ein neues Leben an.«

Froh, dass sie beide den gleichen Gedanken hatten, eilten sie hinter den Baum. Doch wie erschraken sie! Da war kein Koffer mehr. Und auch die Stöcke lagen nicht mehr da.

»Was sollen wir nur machen?«, fragte der Blonde verzweifelt.

»Vielleicht ist auch das ein Zeichen Gottes«, meinte der Lockenkopf. »Wir werden zurück in die Stadt gehen und Arbeit suchen.«

Inzwischen brodelte in Bethlehem die Gerüchteküche. Die Menschen erzählten von einem neugeborenen Kind. Gott selber habe es auf die Erde geschickt. Hirten hätten davon erzählt. Es würde irgendwo in Bethlehem in einem Stall liegen. »Die Leute spinnen doch«, dachte ich. »Nein, diese Gerüchte kann man nicht ernst nehmen. Hirten sind ungebildete Menschen. Arm sind die und dumm.«

Ich war überzeugt: Die Nachricht vom neugeborenen Kind taugte nicht für die Chronik. Und die Leute hatten diese Geschichte auch schnell wieder vergessen. Denn bald gab es für sie nur noch ein Thema: Die bevorstehende Verhandlung gegen das Ehepaar Simon und Rahab Simonis.

*

Später erzählten mir die Räuber, wie es ihnen weiter ergangen war. Gleich am nächsten Morgen trennten sie sich und gingen auf Arbeitssuche. Sie verabredeten sich für eine Woche später auf dem Marktplatz.

Die ganze Woche über suchten sie in Bethlehem und Umgebung nach Arbeit, doch niemand wollte sie einstellen – nicht einmal als Knechte auf einem der Bauernhöfe. Mutlos und müde ließen sie sich die Woche drauf mitten im Menschengewimmel auf dem Marktplatz. Sie erzählten einander, wie es ihnen ergangen war: »Ich hätte nie gedacht, dass es so schwer ist, etwas aus seinem Leben zu machen«, seufzte der Blonde.

»Wenn wir wenigstens etwas Gescheites gelernt hätten!«, seufzte der Lockenkopf. Da legte der Blonde plötzlich den Zeigefinger auf seinen Mund. »Pssst!«, flüsterte er und deutete auf zwei Frauen mit Einkaufstaschen, die vor ihnen stehen geblieben waren. »Hallo Miriam!«, sagte die eine. »Gehst du heute in einer Woche auch zu der Gerichtsverhandlung?«

»Zu welcher Gerichtsverhandlung?«

»Na, gegen das Ehepaar, das angeklagt ist, letzte Woche einen Fremden niedergeschlagen und beraubt zu haben.«

»Ach, nächste Woche ist die Verhandlung? Klar, Magda. Die beiden werden sicher zum Tode verurteilt. Das lass ich mir nicht entgehen. Wann ist das genau?« »Am Donnerstag, um drei. Bis dann, Miriam! Schalom!«

»Schalom, Magda!«

Erschrocken blickte der Blonde den Lockenkopf an: »Hast du das gehört? Ein Ehepaar soll den Fremden beraubt haben. Aber die sind doch unschuldig! Das waren doch wir!«

»Ja! Was sollen wir bloß machen?«

Die ganze Woche über trafen sie sich immer wieder. Tagsüber suchten sie vergeblich nach Arbeit. Abends rätselten sie darüber, ob sie sich der Polizei stellen sollten oder nicht. Das war keine leichte Entscheidung. Schließlich drohte ihnen der Tod. Andererseits aber mussten womöglich zwei unschuldige Menschen ihretwegen sterben.

Immer wieder mussten sie an jene Nacht denken, an die Hirten und ihre Engelserscheinung, an den hell leuchtenden Stern und vor allem an ihr Erlebnis im Stall. Hatten sie nicht deutlich gespürt, wie dieses Kind ihr Leben veränderte? Konnten sie mit ihrer Schuld weiterleben, ja, mit einer noch größeren Schuld, wenn sie zuließen, dass zwei Menschen ihretwegen zum Tode verurteilt wurden? Andererseits hatten sie Angst, große Angst. Aber wurde ihr Entschluss, ihr Leben zu ändern, nicht sinnlos, wenn sie nun sterben mussten?

Tagsüber lenkten sie sich durch die Arbeitssuche ab. Die Nächte verbrachten sie auf der Straße. Sie redeten und redeten, weil sie doch nicht schlafen konnten. Endlich, am Tag der Verhandlung, hatten sie ihren Entschluss gefasst.

*

Natürlich saß ich, der Stadtschreiber von Bethlehem, mit am Verhandlungstisch und musste Protokoll schreiben. Mir war klar, wie die Verhandlung ausgehen würde: Die Sache war ja so eindeutig. Das Ehepaar war schuldig. Schließlich hatte die Polizei die beiden mit dem Koffer in der Hand ertappt. Der Gerichtssaal war gerammelt voll mit Neugierigen. Seit zwei Wochen war der Überfall Stadtgespräch und kaum ein Bewohner Bethlehems wollte sich den Urteilsspruch entgehen lassen.

Der Richter rief zuerst den Fremden auf und ließ ihn von dem Überfall erzählen: »Was soll ich sagen, Herr Richter? Ich kam gerade am Rathaus vorbei, da trafen mich von hinten zwei heftige Schläge auf den Kopf und ich wurde bewusstlos. Als ich wieder zu mir kam, war mein Koffer weg mit 1000 Denar sauer verdientem Geld.«

»Ist das Ihr Koffer?« Der Richter zeigte ihn hoch.

»Ja«, rief der Fremde. »Und das ist meine Geldkassette.« Er deutete auf die Kiste, die vor dem Richter auf dem Verhandlungstisch stand. Der Richter rief nun die Polizisten auf, die von der Festnahme des Ehepaars Simon und Rahab Simonis erzählten.

Dann rief der Richter die Angeklagten auf. »Was haben Sie zu Ihrer Verteidigung vorzubringen?« Simon und seiner Frau sah man an, dass sie sehr litten. Ihre Wangen waren eingefallen und Rahab kamen immer wieder die Tränen. Simon Simonis beteuerte erneut seine Unschuld: »Herr Richter, glauben Sie uns. Wir waren es nicht. Wir haben den Koffer *gefunden.*«

Da sprangen auf einmal zwei Männer auf der Zuschauertribüne auf und liefen nach vorne. »Erlauben Sie, Herr Richter, die beiden sind unschuldig!«, rief der eine, ein schwarzhaariger Lockenkopf. »*Wir* haben den Mann da überfallen und beraubt!«

»Sie?«, fragte der Richter. »Und wieso kommen Sie erst jetzt?«

»Weil uns ein Engel erschienen ist«, antwortete der Blonde.

»Unsinn«, meinte der Lockenkopf. »Den Hirten ist ein Engel erschienen.«

»Ja, und da war noch ein Kind im Stall, Herr Richter.«

»Ein Gotteskind«, berichtigte wieder der Lockenkopf.

»Und das hat uns verwandelt.«

So ein Durcheinander! Ich wusste gar nicht, was ich ins Protokoll schreiben sollte. Der Richter schüttelte den Kopf. »Sie sind wohl betrunken! Setzen Sie sich.«

Aber da sprang wieder ein Zuschauer auf. Wie man an seinem Hut erkennen konnte, war er wohl ein Hirte.

»Erlauben Sie, Herr Richter«, rief er und trat nach vorne. »Die beiden sagen die Wahrheit. Ich bin zufällig hier in dieser Verhandlung. Meine drei Kollegen sind draußen auf dem Feld. Aber auch sie können die Aussage dieser beiden bestätigen. Wir haben den Stall mit dem Kind gesehen. Es ist wirklich ein Gotteskind, das können Sie glauben. Und die beiden da ...«

Weiter konnte er nicht sprechen. Denn plötzlich ging ein ehrfürchtiges Raunen durch die Menge. Alle Zuschauer standen auf. Drei vornehme Männer in edlen Gewändern waren in den Saal getreten; einer von ihnen war ein Schwarzer. Höflich blieben sie vor dem Richter stehen und verbeugten sich.

»Kaspar«, stellte sich der Schwarze vor, »Melchior« der Mann zu seiner Rechten, »Balthasar« der zu seiner Linken. »Entschuldigen Sie bitte, dass wir Ihre Verhandlung stören«, sprach dieser gleich weiter. »Wir kommen von weit her. Schon vor vielen Wochen hatten wir in unserem Land einen Stern entdeckt. Wir forschten in den alten Schriften und lasen, solch ein Stern würde die Geburt eines bedeutenden, einzigartigen Königs anzeigen. Da machten wir uns auf den Weg und kamen in dieses Land, wo der Stern besonders klar zu sehen ist. Bei Eurem König Herodes fragten wir nach. Aber der wusste nichts von einem neugeborenen Herrscher. Da folgten wir weiter dem Stern bis nach Bethlehem. Hier leuchtet er noch heller. Wir wollten Ihren Bürgermeister fragen, ob er etwas von dem neuen König weiß. Uns wurde gesagt, er sei hier in dieser Gerichtsverhandlung.«

Da trat unser Bürgermeister von der ersten Reihe der Zuschauerbühne auch schon nach vorne und verneigte sich tief vor den Herrschaften: »Ich bin stolz, solch vornehmen Besuch in meiner Stadt begrüßen zu dürfen. Aber leider muss ich Sie enttäuschen. Auch mir ist nichts von einem neugeborenen Königskind bekannt.« Da riefen der Hirte und die beiden Räuber wie aus einem Munde: »Aber es ist das Kind, das Gotteskind im Stall, von dem wir Ihnen eben erzählten.« Augenblicklich stand der Richter auf. »Jetzt will ich's genau wissen«, rief er aus. »Ich sehe ein, die außergewöhnliche Situation erfordert eine Unterbrechung unserer Verhandlung. Zeigen Sie uns den Stall und das seltsame Kind.«

*

So kam es, dass eine merkwürdige Prozession vom Rathaus aus zu einem kleinen, armseligen Stall am Rande der Stadt in der Nähe des Gasthauses zum »Goldenen Löwen« führte. Vorneweg liefen die beiden Räuber und der Hirte. Ihnen folgten die drei vornehmen Fremden, der Bürgermeister, der Richter mit den Angeklagten und zwei Polizisten, die Geschworenen und meine Wenigkeit. Mit gebührendem Abstand schlossen sich die Zuschauer der Gerichtsverhandlung an.

Eine halbe Stunde später standen wir tatsächlich vor einem kleinen Stall. Natürlich war kein Platz für alle. Ich konnte nur mit Mühe durch die offene kleine Tür das Geschehen beobachten. Da lag doch tatsächlich ein Kind in der Krippe, und die drei vornehmen Gelehrten scheuten sich nicht, vor ihm auf die Knie zu sinken. Es war nicht zu fassen! Eine feierliche Stille herrschte in der kleinen Hütte und setzte sich nach draußen fort bis zu den letzten der über hundert Menschen, die versammelt waren. Alle waren still bewegt und spürten, dass dieser Ort ein heiliger Ort war, an dem Gott selber wirkte. Endlich brach der Schwarze, Kaspar, das Schweigen, indem er mit einem Feuerstein etwas auf einem Schälchen entzündete: »Weihrauch – eine seltene Gabe aus meinem Heimatland«, sprach er. »Ich habe ihn für das Königskind mitgebracht. Sein Duft soll wie der Duft des Himmels diesen Stall erfüllen.« Es war tatsächlich so: Ein betörender Duft durchdrang im Nu den kleinen Raum bis nach draußen. Die Menschen wunderten sich. So etwas hatten sie noch nie gerochen.

Nun holte Balthasar einen Barren Gold aus seiner Manteltasche und legte ihn in die Krippe. »Für ein Gotteskind kann nichts wertvoll genug sein«, meinte er. Und Melchior überreichte Maria ein Salbtöpfchen: »In unserem Land streicht man die Haut von Königen mit diesem Salböl ein. So sollst auch du die Haut deines Sohnes mit diesem Öl bestreichen.«

Spontan drängelte sich nun der Fremde nach vorne. Jetzt erst sah ich, dass er den Koffer mitgenommen hatte. Er drückte ihn dem Vater des Kindes in die Hand und sprach: »Ich schenke eurem Kindlein alles, was ich habe, diesen Koffer hier.« Dann blickte er feierlich in die Runde der im Stall Versammelten: »Ab heute soll alles neu werden: ich und ihr!«, sprach er. Er tat einen Schritt auf die beiden Räuber zu: »Ihr habt wohl die Wahrheit gesprochen und mich überfallen und beraubt. Aber ich glaube, dieses Kind kann Menschen wandeln. Darum möchte ich, dass ihr eine neue Chance bekommt. Ich ziehe meine Anzeige zurück.«

Der Richter räusperte sich, als er diese Worte hörte, und sprach mindestens genauso feierlich mit lauter Stimme, dass es auch alle draußen vor der Tür hören konnten: »Meine Herrschaften. Somit erkläre ich die Gerichtsverhandlung für beendet.« Dann trat er auf Simon Simonis und Rahab zu und reichte ihnen die Hand: »Verzeiht bitte, dass man euch unschuldig verklagte.« »Schon gut« meinte Simon und erwiderte warmherzig den Händedruck des Richters. »Wenn das nicht passiert wäre, hätten wir diesen Tag heute nicht erlebt.« »Ja«, meinte Rahab,. »Manchmal führt uns Gott zum Heil – durch Angst und Leid und Schrecken.«

*

Als ich spät am Abend dieses ereignisreichen Tages heimkehrte, versuchte ich, meine Chronik zu schreiben. Doch zu viel war mir noch unklar. Da stand ich gleich am nächsten Morgen früh auf, um die beiden Räuber zu treffen. Tatsächlich. Sie saßen auf dem Marktplatz auf einer Bank und schliefen. Ich weckte sie und ließ mir ihre Geschichte von Anfang an erzählen. Nun konnte ich den Bericht für meine Chronik wahrheitsgetreu fertig stellen. Erst beim Schreiben begriff ich allmählich, was da in Bethlehem Außergewöhnliches geschehen war. Oder begriff ichs nicht? Da war ein Kind in einem Stall geboren, ein Gotteskind. Es hatte aus Räubern gute Menschen gemacht. Es hatte die Verurteilung Unschuldiger abgewendet. Es hatte angesehene, gelehrte Männer zum Staunen gebracht. Es hatte das Opfer eines Verbrechens dazu bewegt, seinen Peinigern zu verzeihen. Es hatte vielen Menschen zum Glauben an Gott und zum Vertrauen ins Leben verholfen. Auch mir. Wie viel Gutes, so frage ich mich, wird es wohl erst bewirken, wenn es erwachsen ist?

Gleich am nächsten Tag war übrigens die Familie mit dem Kind verschwunden. Niemand wusste, wohin. Ich wünsche mir, ich würde ihr noch einmal begegnen! Vielleicht hätte ich ja als Tuchhändler eher die Möglichkeit dazu. Da käme ich weiter im Land herum. Andererseits macht mir auch das Schreiben Spaß. Na ja, mal sehen, wie mein Leben weitergeht.

Beppos Krippenfiguren

Staunend blieb das Mädchen vor dem offenen Fenster von Beppos Bude auf dem Weihnachtsmarkt direkt gegenüber der Marktkirche stehen. »Hast du die alle selber gemacht?«, fragte es und deutete auf die lebensgroßen Krippenfiguren, die in dem kleinen Hüttchen kaum Platz hatten.

»Aber ja, mein Mädchen,« meinte Beppo, ohne aufzuschauen. Er malte gerade das Gesicht von Kaspar an, der neben den anderen beiden Weisen, Balthasar und Melchior, stand.

»Solche Figuren würde ich auch gerne machen können. Der Mohr, den du gerade anmalst, ist noch sehr jung.«

»Ja, vielleicht gerade zwanzig. Das ist Kaspar aus Afrika. Balthasar daneben ist ein reifer Mann, so alt wie ich, etwa fünfzig, und kommt aus Europa. Melchior ist ein alter Mann aus Asien.«

»Und wo ist der Amerikaner?«

»Den gibts nicht. Amerika war zur Zeit Jesu noch nicht entdeckt.«

»Ach so. Warum haben die denn keine Kronen? Die waren doch Könige?«

»Du fragst mir ja Löcher in den Bauch«, lachte Beppo. »Also, Könige hat man erst später aus ihnen gemacht. Eigentlich waren es Sterndeuter, die vor 2000 Jahren weit reisten, um das Gotteskind zu suchen. – In jedem Alter sollte man das Gotteskind suchen«, fügte er nachdenklich hinzu.

»Ist der Kaspar deine letzte Figur?«

»Ja, meine letzte. Dann habe ich wohl alle Figuren, die zur Weihnachtsgeschichte gehören, beisammen.«

Still betrachtete das Mädchen nun auch die anderen Figuren: Maria und Josef, das Jesuskind in der Krippe, die Hirten, den Verkündigungsengel, Ochs und Esel und die Herbergswirte. Manch einer der Vorbeieilenden auf dem Markt stellte sich neben das Mädchen, schaute, hastete dann aber weiter.

Es war der 23. Dezember, der letzte Tag des Weihnachtsmarktes. Da hatte kaum jemand Zeit zum Verweilen. Manch einer suchte verzweifelt nach den letzten Geschenken. Vieles war schon ausverkauft.

»Warum hast du denn noch keine Figur verkauft?«, wollte das Mädchen nach einiger Zeit wissen. Beppo lächelte, während er weiterpinselte. »Ich glaube, meine Figuren sind das Einzige auf dem Markt, das man nicht kaufen kann.«

»Und was machst du mit ihnen nach Weihnachten?«

»Nun, morgen werde ich sie in die Marktkirche schaffen. Dort werden sie bis zum Tag der Heiligen Drei Könige am 6. Januar ausgestellt. Was dann mit ihnen geschieht, weiß ich noch nicht.«

»Wenn ich solche Figuren hätte, würde ich sie das ganze Jahr über in der Stadt ausstellen, damit alle Leute sie sehen könnten. Dann würden sie immer an Weihnachten denken!«, meinte das Mädchen und hüpfte von dannen. Beppo nickte bedächtig und arbeitete an seiner Figur weiter, ohne aufzusehen.

Während des Gesprächs hatten sich zwei Obdachlose, ein Mann und eine Frau, neben dem Stand auf einer Decke niedergelassen. Jämmerlich sahen sie aus. Ihre Kleider waren zwar einigermaßen sauber. Doch sie schlotterten am ganzen Körper, weil sie total abgemagert waren. Wer die zwei ansah, konnte in ihren Gesichtern entdecken, dass sie vom Leben gezeichnet waren. Doch wer schaute sie schon an? Hastig eilten die Menschen an ihnen vorüber. Vor sich hatten sie ein Schild gestellt: »Obdachloses Ehepaar bittet um eine Weihnachtsgabe«. Hin und wieder wanderte eine Münze in den aufgestellten Hut. Aufmerksam hatten die zwei der Unterhaltung zwischen Beppo und dem Mädchen gelauscht. Als das Mädchen weg war, stand die Frau auf und betrachtete eingehend Beppos Krippenfiguren.

»Schau mal, Pascal«, rief sie schließlich bewundernd. »Die sehen aus wie echt.« Pascal erhob sich von der Decke und stellte sich neben seine Frau. »Ja. Wie lebendig.«

Beppo hörte auf, an Kaspar herumzumalen. Ruhig und eindringlich richtete er seine sanften Augen auf die beiden und sagte: »Die sind lebendig. Meine Figuren sind lebendig.«

Pascal schüttelte ungläubig den Kopf: »Du willst uns auf den Arm nehmen.« »Glaubt mir, ich habe ihnen Seelen gegeben,« erwiderte Beppo. »Seht ihr das nicht?«

Langsam ließ Eleonore ihren Blick von Figur zu Figur wandern. »Man meint wirklich, sie würden leben. Sieh mal, der Josef, Pascal. Fest und mutig steht er da, als könne ihn nichts erschüttern. Und die Hirten! Andächtig knien zwei vor dem Jesuskind. Der Alte daneben blickt es mit zärtlicher Bewunderung an. – Und schau nur, die Maria! Ihr Gesicht ist so … so unsagbar froh und glücklich. – Meinst du, dass Maria glücklich war?«, entfuhr es ihr plötzlich.

»Ach, Eleonore! Woher soll ich das denn wissen?«

»Ich denke, jeder Mensch ist glücklich, wenn ihm ein Engel erscheint«, warf Beppo nun mit seiner warmen, dunklen Stimme ein. »Keine Ahnung!«, antwortete Eleonore. »Mir jedenfalls ist noch nie einer erschienen.«

»Noch nie?« Beppo hob erstaunt die Augenbrauen. »Wirklich? Noch nie?«

»Sieh uns doch an,« ließ sich nun Pascal vernehmen. »Keine Arbeit. Keine Wohnung. Unter der Rheinbrücke wohnen wir. Und unser Haus – ein Pappkarton.« Eleonore musste merkwürdigerweise wieder an Maria denken, und sie lächelte. »Wenn ich dir erzählen würde, mir sei ein Engel erschienen, Pascal, …«

»Das würde ich dir nie glauben«, fuhr ihr Pascal ins Wort, und seine Stimme klang ungeduldig. Er fand das Gespräch überflüssig

»Ich würde es mir wohl selber nicht glauben«, meinte Eleonore nachdenklich. »Ich würde denken, ich hätte mir den Engel nur eingebildet.«

»Das ist es eben,« ließ sich nun wieder Beppo vernehmen. »Maria und Josef haben geglaubt. – Ich sage euch: Jedem von uns erscheint manchmal ein Engel, oft gerade dann, wenn es uns schlecht geht. Wichtig ist, dass wir ihn bemerken und dass wir an ihn glauben.«

»Unverschämt! Versperren anständigen Leuten den Weg!« Energisch drängte sich eine Frau mit ihrem Kind zwischen Beppo und die beiden, um einen Blick auf die Figuren zu werfen. »'Tschuldigung«, murmelten die Obdachlosen und zogen sich eingeschüchtert auf ihre Decke zurück. Die Frau beäugte mit kritischen Blicken die Krippenfiguren, bis sie schließlich auf den Verkündigungsengel deutete. »Haben Sie den auch klein?«, fragte sie. »Ich such' noch ein Geschenk für meine Mutter. So ein Engel würde ihr gefallen, doch der ist zu groß.«

»Tut mir Leid, ich habe nur diese Figuren. Und die verkaufe ich nicht«, antwortete Beppo, ohne die Frau eines Blickes zu würdigen. Seine ganze Aufmerksamkeit galt wieder Kaspars Gesicht.

»Mama, hast du mal Geld?«, ließ sich nun das kleine Mädchen vernehmen.

»Wozu denn, Lisa? Du hast doch gehört. Die Figuren sind nicht zu kaufen.«

Das Kind deutete auf die Obdachlosen. »Für die da.«

»Für solch ein hergelaufenes Pack ist mir mein Geld zu schade. Die sollen erst mal was arbeiten. Komm, Lisa, komm.« Unwirsch zerrte sie ihre Tochter weg und hastete weiter.

»Arbeiten, sagt die!«, empörte sich Pascal. »Hat die 'ne Ahnung! Ich bin 51. Wie soll ich da Arbeit finden?«

Beppo, der inzwischen Kaspars Gesicht ganz braun gemalt hatte, legte seinen Pinsel in ein Glas mit einer Reinigungslösung. Er lehnte sich über das Fensterbrett seiner Bude und schaute die beiden fragend an. Eleonore stand auf und trat auf ihn zu. »Pascals Firma ist vor zwei Jahren pleite gegangen«, erklärte sie. »Seither hat er vergeblich versucht, wieder Arbeit zu kriegen. In seinem Alter wird er nicht mehr gebraucht.«

»Und du?«

»Ich hab' nichts gelernt. Hab' unsre Tochter Seline großgezogen, bis sie achtzehn war. Sie hatte gerade ihren Führerschein, da kam sie bei einem Unfall ums Leben. Voriges Jahr. Das war kurz, nachdem man uns die Wohnung gekündigt hatte.« Eleonore stiegen die Tränen in die Augen. »Wissen Sie«, meinte sie nach kurzem Schweigen. »Es kam bei uns so viel zusammen: Schulden, Arbeitslosigkeit, der Unfall. – Alles, was wir uns mal aufgebaut hatten, ist kaputt. Unser ganzes Leben – ein Scherbenhaufen.«

»Alle Achtung! Sie sind ein großer Künstler!«, hörten sie plötzlich eine Männerstimme neben sich. Ein vornehm gekleideter Herr war neben Eleonore und Pascal an den Stand getreten. »Ich hab' schon mehrere Krippen in meinem Privatmuseum«, meinte er. »So eine fehlt mir noch in meiner Sammlung. Wie ist's? Ich biete Ihnen 300,- Euro pro Figur.« Beppo wirkte genervt. »Ich verkaufe meine Figuren nicht«, sagte er bestimmt schon zum hundertsten Mal, seit er hier arbeitete. »Was? Sie verkaufen die nicht? Was machen Sie denn mit den Dingern?«

»Morgen kommen sie in die Marktkirche. Und dann? Mal sehen.« Ihm fiel das Mädchen von vorhin ein, und er fügte hinzu: »Vielleicht finde ich einen Platz, wo ich sie das ganze Jahr über ausstellen kann.«

»Das ganze Jahr über?« Der Herr lachte. »Aber erlauben Sie mal. Solche Figuren haben doch nur an Weihnachten einen Sinn!« »Und welchen Sinn meinen Sie, mein Herr?«, fragte Beppo und lächelte herausfordernd. »Nun ja ... äh ...«, stotterte der Mann etwas verlegen. »Sie ... erinnern uns an die Weihnachtsgeschichte aus der Bibel.« »Sehen Sie«, meinte Beppo. »Und entweder hat die Weihnachtsgeschichte das ganze Jahr über einen Sinn oder überhaupt keinen.«

»Blödsinn!« Ärgerlich stapfte der Mann von dannen.

»Der hätte euch wenigstens 'nen Tausender geben können«, meinte Beppo zu Eleonore und Pascal.

»Ach, so einer doch nicht!« Eleonore verschränkte die Arme, weil sie etwas fröstelte. Eigentlich war es für die Jahreszeit zu warm, fast wie im Frühling. Doch die Luft war feucht, es hatte tagelang geregnet. Glücklicherweise war es heute trocken geblieben.

Inzwischen war es acht Uhr geworden. Es waren kaum noch Menschen unterwegs und nach und nach schlossen die Stände. Vorsichtig schob Beppo eine Krippenfigur nach der anderen an die hintere Wand seiner Bude und stellte sie dicht nebeneinander. »Mein Werk ist vollendet. Morgen früh um sechs komme ich zum letzten Mal hierher. Dann werde ich die Figuren in die Marktkirche schaffen.« Sorgfältig verschloss er die Tür seines Markstandes und klappte die Fensterläden zu. »Tja, dann wünsch' ich euch alles Gute!« Beppo reichte den beiden Obdachlosen die Hand. »Und dass euch bald mal ein Engel erscheint!«

»Nett, dieser Beppo«, meinte Eleonore, als er weg war. »Und ein großer Künstler.« Pascal nickte und nahm den Hut, um das Geld zu zählen. »6,22 Euro«, brummte er und steckte das Geld in seine Börse. »Davon kaufen wir uns morgen was Schönes zum Fest!« Eleonore hob die Decke auf, auf der sie gesessen hatten, und hängte sie sich über die Schultern. Langsam liefen sie in Richtung Rheinufer zu ihrem Pappkarton.

*

Es war Nacht geworden auf dem Weihnachtsmarkt. Die Weihnachtslichter waren erloschen. Seit Mitternacht verbreitete nur noch jede zweite Straßenlaterne ein schummriges Licht. Kaum vorstellbar, dass noch vor wenigen Stunden hier Hunderte von Menschen entlanggehetzt waren, um letzte Geschenke zu ergattern. Eine geheimnisvolle Ruhe lag über der Nacht zum 24. Dezember. Aber die Nacht vor dem Heiligen Abend ist ja immer eine besondere.

Die Uhr der Marktkirche schlug eins, als ein vornehm gekleideter Herr gedankenverloren durch die Dunkelheit an Beppos Werkstatt vorbeilief. Es war jener Privatmuseumsbesitzer, der am Abend Beppos Figuren hatte kaufen wollen. »Ein Uhr schon«, seufzte er. »Schrecklich! Ich kann einfach nicht schlafen. So viele Gedanken gehen mir durch den Kopf.«

Er setzte sich auf eine der Bänke neben der Kirche gegenüber von Beppos Bude und sinnierte. »Wie soll ich nur mein Geld anlegen?«, sprach er zu sich selber. »Vier Mietshäuser habe ich und ein Hotel. Doch nichts als Ärger! – Vielleicht sollte ich Aktien kaufen – Aktien! Ich weiß nicht. Das ist so riskant! ... Was soll ich nur tun?«

Während der Herr auf der Bank hin- und herüberlegte, schlug die Uhr zwei. Da kam schon wieder jemand gelaufen. Es war die mürrische Frau, die mit ihrer Tochter nach einem Geschenk für ihre Mutter gesucht hatte. Immer noch hatte sie nichts gefunden, und das machte sie unruhig. Außerdem befürchtete sie, sie hätte bei den Weihnachtsvorbereitungen irgendetwas vergessen. Deshalb konnte sie nicht einschlafen und lief nun durch die Straßen, in der Hoffnung, die frische Luft würde ihr gut tun und sie müde machen. Auch sie nahm auf einer der Bänke neben der Marktkirche Platz. Erst jetzt entdeckte sie den Herrn auf der anderen Bank. »Der kann wohl auch nicht schlafen«, dachte sie. Und wieder quälten sie die Gedanken: »Vielleicht schreib' ich meiner Mutter einen Gutschein,« überlegte sie. »Die kann sich ja selber was kaufen. Am besten nach Weihnachten, da wird alles billiger. Und was gibts sonst noch zu tun?«

»Ich bin ganz durchgefroren, Pascal,« hörte sie da plötzlich eine Frauenstimme. »Du meine Güte, da kommen ja wieder diese hergelaufenen Bettler von vorhin. Hoffentlich setzen die sich nicht neben mich.« Schnell rutschte die Frau in die Mitte der Bank und machte sich etwas breiter.

Doch das war gar nicht nötig. Pascal hatte Eleonore schon zu einer anderen Bank daneben geführt. »Ists so besser, Eleonore?«, fragte er, während er den Arm um sie legte. »Danke, Pascal!«, erwiderte sie und seufzte: »Ach, was gäbe ich für ein schönes, warmes Zuhause!«

In diesem Augenblick hörten sie ein leises Knarren. Sie sahen, wie sich Tür und Fenster von Beppos Werkstatt öffneten. »Jesses und Maria!«, rief Eleonore. »Beppos Figuren! Die sind ja lebendig!«

Tatsächlich kamen die Krippenfiguren herausgelaufen, zuerst eine dicke Wirtin und ein Wirt. Man erkannte sie an ihren Schürzen. Die Wirtin stellte sich hinter die Bank, auf der die Frau saß, der Wirt hinter die, auf der der Herr saß. Doch die Frau und der Mann schienen nichts zu bemerken. Gedankenverloren starrten sie immer noch ins Leere.

Danach kamen die Hirten heraus und verschwanden hinter der Hütte, gefolgt von den Engeln und den drei Weisen. Schließlich traten Maria und Josef hervor. »Ich bin ganz durchgefroren, Josef«, sagte Maria. »Meine

Worte!«, dachte Eleonore erstaunt, während Josef seinen Arm um Maria legte und erwiderte: »Ists so besser, Maria?« »Danke!«, meinte sie und seufzte: »Ach, was gäbe ich für ein schönes, warmes Zuhause!«

»Da drüben ist Bethlehem. Da werden wir sicher eine Herberge finden«, versuchte Josef Maria zu trösten, indem er sie zu der Bank führte auf der die Frau saß. Die starrte immer noch ins Leere. Josef klopfte an der Bank an und die Wirtin dahinter machte eine Bewegung, als würde sie eine Tür öffnen.

»Haben Sie vielleicht ein Zimmer für mich und meine Frau«, fragte Josef. Seine Stimme klang etwas unheimlich in der Stille des Weihnachtsmarktes. »Meine Frau bekommt bald ihr Baby.«

Die Wirtin schaute sie verächtlich von oben bis unten an. »Tut mir Leid! Ich habe ein ruhiges und sauberes Haus. Eine Geburt und ein Baby – das macht Unruhe und Dreck!« Und mit einer heftigen Handbewegung tat sie so, als würde sie die Tür zuschlagen.

Maria und Josef gingen langsam weiter zur nächsten Bank, auf der der Herr saß. Josef klopfte wieder an. Doch der Herr schien von all dem nichts zu merken. Seine Lippen bewegten sich. Er führte leise Selbstgespräche: »Aktien«, entfuhr es ihm, und »Geld anlegen!«

»Bitte entschuldigen Sie,« rief Josef, nachdem der Wirt hinter der Bank auch so getan hatte, als würde er eine Tür öffnen. »Haben Sie vielleicht ein Zimmer für mich, meine Frau und mein Kind, das bald zur Welt kommt?«

»Können Sie zahlen?«, fragte der Wirt barsch. »Meine Zimmer kosten zwischen 100,- und 500,- Euro pro Nacht.«

»Ach bitte! Wir sind arm, wir können nicht so viel zahlen.« Josefs Stimme klang verzweifelt. »Bitte helfen Sie uns doch«, bat nun auch Maria.

Der Wirt deutete auf Beppos Hütte. »Vielleicht reicht euch ja der alte Stall da drüben! Den will ich sowieso bald abreißen und Wohnungen dorthin bauen.«

»Danke«, meinte Josef. »Das ist besser als nichts.« Sie liefen zur Hütte. Durch die offene Tür sah man, wie sie sich rechts und links neben die Krippe stellten, die darin stand, dicht bei Ochs und Esel.

Währenddessen verschwanden die Wirte wieder hinter der Hütte. An ihrer Stelle kamen drei Hirten, die sich auf dem freien Platz vor der Kirche niederließen. Auch die Hirtenfiguren waren Beppo hervorragend gelungen. Ein Hirte ging leicht gebückt an einem Stock. Sein zerfurchtes

Gesicht zeigte, dass er schon sehr alt war. Ein anderer war fast noch ein Kind, vielleicht dreizehn, vierzehn Jahre alt. Dem dritten, etwa fünfundzwanzigjährigen, funkelte der Schalk aus den Augen.

»Schrecklich kalt ist das heute auf der Weide. Wenn wir nur wärmere Kleider hätten!«, rief der junge Hirte. »Wie beneide ich die Menschen in der Stadt. Die können zu Hause am warmen Kamin sitzen.«

»Du bist noch jung«, erwiderte der Alte. »Vielleicht kannst du ja später einen anderen Beruf ergreifen, bei dem man mehr verdient.«

»Ich kenne es nicht anders«, meinte der dritte. »Mein Vater, mein Großvater und mein Urgroßvater – alle waren Schafhirten. Warum sollte ich nicht zufrieden sein?«

»Zufrieden bist du?«, rief der Junge erstaunt.

»Die Leute reden über uns. ›Gesindel!‹ schimpfen sie und rümpfen die Nase, wenn sie uns sehen. Sie denken, wir würden nichts arbeiten. Dabei sind wir Tag und Nacht, bei Wind und Wetter draußen – und das für einen Hungerlohn!«, bestätigte der Alte.

»Was geht mich das Gerede der Leute an?«, meinte der junge Mann.

»Aber der Junge hat Recht.« Man merkte dem Alten an, dass er sich im Laufe seines Lebens viele Gedanken über das Thema gemacht hatte. »Der Besitzer unserer Herden zahlt so wenig, dass wir oft tagelang nichts Gescheites essen können. Diese Unterdrückung muss mal ein Ende haben.«

Jäh wurde ihr Gespräch unterbrochen. Überall an den Marktbuden gingen plötzlich die Weihnachtslichter an und stellten alles, was bisher nur schemenhaft zu erkennen gewesen war – die Marktbuden, die Kirche, den großen Tannenbaum davor und die Bänke – in ein grelles Licht. Eleonore und Pascal erschraken und hätten am liebsten die Lichter wieder ausgemacht. Sie hatten sich vorher geschützt und geborgen gefühlt wie in einem schönen Traum. Nun merkten sie, dass alles, was sie hier sahen, Wirklichkeit war. Da trat der Verkündigungsengel ins Licht. Die Hirten wollten fliehen. Aber wie erstarrt blieben sie stehen, als der Engel plötzlich auf sie zukam. Seine Stimme erklang laut und unheimlich auf dem leeren und hell erleuchteten Markt. »Ihr Hirten, fürchtet euch nicht. Ich bringe euch eine frohe Botschaft. Euch ist heute der Heiland geboren. Macht euch schnell auf den Weg nach Bethlehem. Dort werdet ihr ihn in einem Stall finden. Er ist ein Kind, in Windeln gewickelt, und liegt in einer Krippe.«

Und als wäre es nicht genug, dass die Weihnachtsbeleuchtung angegangen war, ertönte auf einmal von den einzelnen Ständen Weihnachtsmusik. Aber nicht durcheinander wie sonst auf Weihnachtsmärkten. Aus den verschiedenen Buden erklangen verschiedene Instrumente – Geigen, Flöten, Oboen, Klarinetten, Hörner, Trompeten – und fügten sich zu einem harmonischen Orchester zusammen. Sie spielten eine himmlischschöne Melodie. Und sogleich kamen die anderen Engel aus Beppos Bude herbeigeeilt, stellten sich neben den Verkündungsengel und sangen in einem gewaltigen Chor: »Gloria! – Ehre sei Gott in der Höhe!« Dann verstummte schlagartig die Musik, die Lichter erloschen und die Engel huschten auf leisen Sohlen hinter Beppos Hütte. Merkwürdigerweise fror Eleonore nun nicht mehr, im Gegenteil, ganz warm war ihr, und auch Pascal war es so wohl zumute wie schon lange nicht mehr.

In die Hirten kam allmählich Bewegung! Aufgeregt sprachen sie über das, was sie soeben erlebt hatten. Sie konnten es nicht fassen! Ein Engel war ihnen erschienen. Und sie hatten seine Botschaft vernommen. Schnell machten sie sich auf, um das neugeborene Kind zu begrüßen.

An Beppos Hütte klopften sie an. Als sie eintraten, fielen sie ergriffen vor dem Kind in der Krippe nieder. Nach einem langen, ehrfürchtigen Schweigen fing endlich einer der Hirten an, Maria und Josef von dem Engel zu erzählen. »Das ist schön.« Maria war sichtlich bewegt durch seine Worte. »Auch mir ist vor vielen Monaten ein Engel erschienen und hat das Kind angekündigt. ›Es wird ein Kind Gottes sein‹, hat er gesagt. ›Denn die Kleinen wird Gott groß machen, die Schwachen wird er stark machen und die Starken schwach. Das Herz der Hartherzigen wird weich werden und das der Ängstlichen mutig. Sie werden gelassen und voller Vertrauen leben. Und sie werden ihren Mund auftun gegen alle Gemeinheit und Ungerechtigkeit dieser Welt. Und das gilt ein für allemal – auch noch in 2000 Jahren.«

»In 2000 Jahren, sagt Maria?«, entfuhr es Eleonore, die gebannt zugehört hatte. »Du, das gilt auch für uns!« »Psst!« Pascal stieß sie an, damit sie schwieg.

Die Hirten sahen auf einmal sehr glücklich aus. Taumelnd vor Freude verließen sie die Hütte. »Wir wollen allen Menschen, die uns begegnen, von dem Wunder erzählen, das wir heute Nacht erlebt haben,« schworen sie sich, als sie vor der Hütte standen. Dann gingen sie zusammen weg. Eleonore und Pascal sahen nicht, wohin. Denn ihr Blick blieb an den drei

Sterndeutern Kaspar, Melchior und Balthasar haften, die plötzlich vor der Hütte erschienen. Eleonore erinnerte sich an das Gespräch Beppos mit dem kleinen Mädchen. Die drei Weisen stehen für die drei Kontinente Asien, Afrika und Europa, hatte Beppo erklärt. Wie gut sie ihm gelungen waren! Man konnte genau erkennen, wer woher kam.

Auch sie traten in Beppos Hütte und verneigten sich ehrerbietig vor Maria, Josef und dem Krippenkind.
Sie fingen an zu sprechen, und zwar in Reimen, was sehr gut zu ihrem vornehmen Auftreten passte:

»Ein ungeheuer heller Stern
erhellte unsre Länder von fern.
Keiner von den weisen Leuten
konnte dieses Zeichen deuten,«
erzählte Kaspar.

»Als Sterndeuter warn wir davon fasziniert,
haben in vielen Schriften studiert,
bis wir wussten: Wir sollten dorthin gehen,
wo der Stern besonders deutlich zu sehen.
Hier würden wir ein Baby finden.
Es würde eine neue Zeit ankünden.
Es würde die ganze Welt verändern.«

Und Melchior fuhr fort:
»Wir sahen den Stern dann in vielen Ländern.
Doch je näher wir an Bethlehem waren,
desto klarer wir ihn am Himmel sahen.
Wir dachten: Es muss ein Königskind sein,
und schlugen die falsche Richtung ein.
Nach Jerusalem, zu König Herodes, gingen wir,
weil wir das Baby glaubten hier.«

»Doch der wusste von nichts«,
ergänzte Balthasar.

»Der schaute nur dumm.
Unsympathisch war der. Da kehrten wir um.
Nun sahen wir nur auf den Stern im All
und ließen uns führen – hierher zum Stall.«

»Da sind wir nun«,
fuhr Melchior mit einer leichten Verbeugung fort,
»und wir können verstehn,
dass die neue Zeit muss von hier ausgehn,
von der Armut, dem Elend an diesem Ort.
Denn nur da erfüllt sich Gottes Wort,
wo der Arme und Traurige Hoffnung kriegt
und niemand ihn um das Leben betrügt.«

Zum Schluss ergriff noch einmal Balthasar das Wort:
»Wir sind so froh. Denn wir sind da,
Kaspar, Melchior und ich, Balthasar.
Und wir hoffen, das Kind wird zu allen Zeiten
in der ganzen Welt Frieden und Liebe verbreiten.«

Kaum hatte er geendet, hörte man laut und deutlich die Turmuhr der Marktkirche schlagen: »Dong, dong, dong, dong, dong, dong!« Augenblicklich wurde es dunkel. Die Engel, die Hirten und die Wirte huschten schnell zu den anderen Krippenfiguren in die Hütte herein, stellten sich auf ihre Plätze und erstarrten. Die Tür und das Fenster zu Beppos Hütte gingen zu und alles war wie vorher.

Gerade wollte Pascal etwas sagen, da hörten sie eine ruhige, dunkle Stimme: »Nanu! Eleonore und Pascal. Schon so früh auf den Beinen?« »Ach Beppo!«, rief Eleonore aufgeregt. »Stell dir mal vor, was wir eben gesehen haben: Deine Krippenfiguren, die waren lebendig. Sie haben uns hier auf dem Platz die ganze Weihnachtsgeschichte vorgespielt. Und deine Hütte war der Stall zu Bethlehem.« »Ich habe euch ja gesagt, dass meine Figuren leben«, meinte Beppo, während er ruhig die Hütte aufschloss. Da sprang die Frau, die auf der Bank neben Eleonore und Pascal saß, kopfschüttelnd auf und ging zu Beppo. »Glauben Sie doch solchen Menschen nicht!«, rief sie erregt.

»Wie kommen Sie dazu? Wir sind anständige Menschen!«, empörte sich nun Pascal.

»Ach was!«, rief die Frau. »Gesindel! Pack! Nichts schaffen! Aber lügen wie gedruckt. Schließlich habe ich die ganze Zeit hier gesessen. Ich hätte ja wohl was mitgekriegt.«

»Vielleicht konnten Sie nichts merken!« Beppos Stimme klang wie immer ruhig und gelassen.

Doch die Frau wurde nur noch wütender. »Wie meinen Sie das? Ich habe doch schließlich Augen im Kopf!« Hilfesuchend schaute sie zu dem Herrn auf der anderen Bank. »Hallo, Sie da!«, rief sie. »Haben Sie vielleicht heute Nacht etwas Besonderes bemerkt?«

Der Herr war die ganze Zeit mit sich beschäftigt gewesen und hatte dem Wortgefecht nicht zugehört. Nun erhob er sich und ging neugierig auf die Frau und Beppo zu. »Ich? Was soll ich denn bemerkt haben?«

»Dass meine Krippenfiguren heute Nacht lebendig waren«, antwortete Beppo.

Da fing der Herr an zu lachen und konnte sich fast nicht mehr einkriegen. »Krippenfiguren – lebendig?«, prustete er. »Sie glauben wohl an Märchen.«

»Da hören Sie's«, sagte die Frau. »Kommen Sie. Mit Verrückten sollte man sich gar nicht einlassen.« Man hörte, wie sie erregt auf den Herrn einredete, während sie durch die Fußgängerzone davoneilten.

»Macht euch nichts draus«, sprach Beppo zu Eleonore und Pascal. »Es gibt Menschen, die merken nie was von dem Glanz, der über unserm Leben liegt und unserm Alltag Licht und Wärme gibt. Nichts ist ihnen heilig und nirgendwo können sie Wunder entdecken. Dabei ist unsere Welt voller Wunder!«

Eleonore nickte. »Ich weiß, was du meinst, Beppo. Ich merke, wie das Erlebnis heute Nacht die Scherben unseres Lebens zusammenfügt!« Pascal war nachdenklich geworden.

»Mich erschrecken solche Menschen, die nur an sich selber denken. Du aber, Beppo, machst mir irgendwie Mut. Du hältst an der alten Weihnachtsbotschaft fest, dass Gott der Welt das Heil gebracht hat.« Liebevoll lächelte er nun seine Frau an: »Ich will mit dir auf die Suche nach dem Heil gehen, Eleonore. Wir haben es in dieser Nacht gefunden. Es wird wohl auch am Tag zu finden sein.«

»Aber erst mal sollt ihr heute, an Heiligabend, meine Gäste sein«, sprach Beppo. »Ich habe zwar nur eine kleine Zweizimmerwohnung, vollgestellt mit Figuren, aber ...«

»Alles Krippenfiguren?«, unterbrach ihn Eleonore interessiert.

»Nicht nur«, meinte Beppo. »Doch alle haben was mit Jesus zu tun, und damit auch was mit Weihnachten, dem Fest seiner Geburt. Da sind z.B. Johannes, der Täufer, Maria Magdalena und Petrus. Aber auch Männer und Frauen, die im Namen Jesu viel Gutes getan haben: Franz von Assisi z.B. oder Martin, der seinen Mantel teilte.«

»Und du verkaufst sie nie?«, fragte Pascal.

»Nein. Das wäre so, als würde ich ein Stück von mir verkaufen. Doch ich reise von Stadt zu Stadt, von Land zu Land, und stelle sie aus – in Kirchen, in Rathäusern und Museen, auf dem Weihnachtsmarkt. Und wer sie richtig anschaut, für den sind sie lebendig wie für euch. Aber man muss sie wirklich ansehen, so wie ihr. Nicht mit den Augen des Käufers, der fragt, wie viel sie wert sind. Nicht mit den Augen des Eiligen, der kurz stehen bleibt und meint: »Wie schön!« und sie im nächsten Augenblick doch wieder vergisst. – Nun aber genug! Sagt endlich: Wollt ihr meine Gäste sein?«

»Gerne, Beppo«, antwortete Pascal, und Eleonore meinte: »Ich bin ja schon so gespannt auf deine anderen Figuren!«

»Aber erst muss ich an die Arbeit gehen. Deshalb bin ich ja so früh hierher gekommen. Bis zehn müssen meine Figuren in der Marktkirche sein. Außerdem muss ich noch mein Werkzeug aufräumen.«

»Wir helfen dir dabei,« rief Pascal. Beppo schloss die Tür zur Hütte auf. Nach und nach trugen sie die Krippenfiguren in die Marktkirche und stellten sie dort auf, damit sich die Menschen an den Feiertagen an die Weihnachtsgeschichte erinnern konnten.